套保还是投机？

——上市企业套期保值风险的研究

何乔　冉晖　著

中国财经出版传媒集团
中国财政经济出版社

图书在版编目（CIP）数据

套保还是投机？：上市企业套期保值风险的研究／何乔，冉晖著. --北京：中国财政经济出版社，2023.6

ISBN 978-7-5223-2218-6

Ⅰ.①套… Ⅱ.①何… ②冉… Ⅲ.①上市公司-期货交易-研究-中国 Ⅳ.①F832.53

中国国家版本馆 CIP 数据核字（2023）第 094260 号

责任编辑：李筱文　　责任校对：胡永立
封面设计：卜建辰　　责任印制：党　辉

套保还是投机？——上市企业套期保值风险的研究
TAOBAO HAISHI TOUJI?
——SHANGSHI QIYE TAOQI BAOZHI FENGXIAN DE YANJIU

中国财政经济出版社 出版

URL：http：//www.cfeph.cn
E-mail：cfeph@cfeph.cn

社址：北京市海淀区阜成路甲 28 号　邮政编码：100142
营销中心电话：010-88191522
天猫网店：中国财政经济出版社旗舰店
网址：https：//zgczjjcbs.tmall.com
北京中兴印刷有限公司印刷　　各地新华书店经销
成品尺寸：170mm×240mm　16 开　15 印张　208 000 字
2023 年 7 月第 1 版　2023 年 7 月北京第 1 次印刷
定价：62.00 元
ISBN 978-7-5223-2218-6
（图书出现印装问题，本社负责调换，电话：010-88190548）
本社质量投诉电话：010-88190744
打击盗版举报热线：010-88191661　QQ：2242791300

前　　言

随着世界经济缓慢复苏，国际经济环境日益复杂多变，大宗商品市场和金融市场的波动性加剧，我国企业的日常经营面临更大的不确定性，企业利用各类衍生工具进行风险管理的需求也越来越迫切，如何用好衍生工具进行套期保值为企业的发展保驾护航是新时代的一个重要课题。从我国企业过去一段时间的风险管理实践来看，企业使用衍生工具套期保值的效果不甚理想，这与套期保值有助于企业对冲风险、稳定经营的理论功能存在明显差异。因此，基于我国企业衍生产品使用的实际数据，考察企业使用衍生工具套期保值的动因、套期保值对企业价值与风险的影响，以及投机套利行为与套期保值行为的差异是本书的主要研究内容。回答好这些问题有助于我们深刻理解衍生工具使用与企业价值与风险之间的内在逻辑，提高企业使用衍生工具的能力，助推我国经济迈向高质量发展的康庄大道。

为此，本书使用理论分析和实证分析相结合的研究方法，从四个方面研究了上述问题，具体包括：首先，根据我国上市企业年度报告，对企业使用衍生工具进行套期保值和投机套利进行区分，分别形成套期保值企业研究样本和投机套利企业研究样本。其次，将得到的套期保值企业样本和筛选出未进行套期保值的相应数量企业作为研究对象，在理论分析的基础上，对企业套期保值行为的决定因子和套期保值深度的决定因子进行实证分析。再次，分别研究套期保值行为对企业价值、总风险、系统风险和股价崩盘风险的影响。最后，分别研究企业投机套利行为的决定因子和对企业价值、总风险、系统风险和股价崩盘风险的影响，并与套期保值的研究结论进行对比分析。

本书创新点体现在以下四个方面：

第一，研究样本分类方法创新。在总结现有文献基础上，结合我国上市企业衍生工具使用实际，依据使用目的不同，本书提出了我国上市企业使用衍生工具的具体分类方法和步骤。据此从2007—2016年3126家A股上市公司中筛选出“高度有效套期保值企业”和“非高度有效套期保值企业”共308家作为套期保值企业研究对象组；选择“既套期保值又投机套利企业”“纯投机套利企业”共100家作为投机套利企业样本组。本书提出的样本分类方法为我国企业使用衍生工具的相关研究奠定了研究基础，弥补了目前国内对此问题研究不足的缺憾。

第二，将套期保值深度（Degree）变量引入企业套期保值问题研究中，从企业套期保值的动因差异，以及对企业价值、总风险、系统风险、崩盘风险影响差异的视角，设计企业套期保值问题的整体研究框架，克服已有研究中使用虚拟变量表示衍生工具使用与否，据此来研究套期保值动因及效果的困境，使得研究视角更加全面系统，研究过程更加深入，结论更加可靠。实证研究发现，在套期保值深度的决定因子比套期保值行为的决定因子增加了“避免投资不足动因”的代理变量；虽然A股上市企业套期保值行为微弱地降低了企业价值，但是套期保值深度较深的企业对企业价值有一定的回拉作用；对企业的系统性风险和崩盘风险的降低作用也更加显著。

第三，从信息传递视角，在企业会计信息透明度对企业股价崩盘风险影响的研究基础上，提出了企业套期保值以企业会计信息透明度为中介，对企业股价崩盘风险产生影响的理论假设，从企业套期保值行为与套期保值深度两个层次上重点研究了企业套期保值对企业股价崩盘风险的影响程度和路径。实证研究发现，企业套期保值行为可以降低企业股价崩盘风险，且这一影响存在两年滞后；企业套期保值深度越深，套期保值的市场信息传递速度越快，对降低企业股价崩盘风险只存在一年滞后。

第四，探索性研究了企业使用衍生工具投机套利的决定因子，投机套利行为对企业价值、企业总风险、系统风险及股价崩盘风险的影响。实证研究发现，企业的投机套利行为的决定因子中企业规模、机构投资者持股比例因子与套期保值相同、管理层持股比例因子与套期保值相反；投机套利行为提升了企业的每股收益，但降低了企业的每股经营现金流量和托宾Q值；投机套利行为显著增大了企业系统风险和滞后一年的企业股价崩盘风险。

2023年4月

Preface

With the slow recovery of the world economy, the international economic environment is increasingly complex and changeable, and the volatility of commodity and financial markets are increasingly volatile. The daily operation of Chinese enterprises is faced with greater uncertainty. The needs that enterprises use various derivative instruments for risk management is more and more urgent. How to use derivative instruments to hedge for the protection of enterprises has become an important issue in the new era. From the risk management practice of Chinese enterprises for a period of time, the effect of hedging by using derivative instruments is not ideal, which is obviously different from the theory that hedging helps enterprises hedge risks and stable operation. Therefore, based on the actual data of the use of derivative products by Chinese enterprises, it has become the main research content of this paper to investigate the motivation of using derivative instrument for hedging, the impact of the hedging on enterprise value and risk, and the difference between speculative arbitrage behavior and hedging behavior. Solving these problems will help us deeply understand the internal logic between the use of derivative instruments and enterprise value and risk, so as to improve the ability of enterprises to use derivative instruments, and boost China's economy towards high-quality development.

Therefore, the research method combining theoretical analysis and empirical analysis is used in this paper to study the above problems from four aspects, including: Firstly, according to the annual report of Chinese listed enterprises, the hedging and speculative arbitrage of enterprises are distinguished, and the research samples of hedging enterprises and speculative arbitrage enterprises are formed respectively. Secondly, the sample of enterprises carrying out hedging and the corresponding number of enterprises without hedging are selected as the research object. On the basis of theoretical analysis, the determinant factor of hedging behavior of the enterprise and the determinant factor of the depth of hedging are analyzed positively. Thirdly, the effects of hedging on enterprise value, total risk, systematic risk and stock price crash risk are studied. Finally, the determinant factor of the enterprise's speculative arbitrage behavior and the impact on the enterprise value, total risk, systematic risk and stock price crash risk are studied respectively, and the comparative analysis is made with the research conclusion of hedging.

The main innovation achievements of this paper are shown in the following four aspects: Firstly, this paper provid a new method of classification and identification of samples。Based on the existing literature research, this paper presents the method and steps of the classification of derivatives used by enterprises. From 2007 to 2016, a total of 308 "highly effective hedging enterprises" and "non-highly effective hedging enterprises" were selected from 3126 A-share listed companies as the research object group of hedging enterprises; A total of 100 "hedging and speculative arbitrage enterprises" and "pure speculative arbitrage enterprises" are used as a sample group of speculative arbitrage enterprises.

Secondly, based on the study of hedging behavior, the variable of Hedging Degree is introduced into the study of enterprise hedging. From the perspective of the differences in the causes of enterprise hedging, the differences in the impact of enterprise value, total risk, system risk and crash risk, the overall research framework of enterprise hedging is designed, which overcomes the problem of whether to use dummy variables to represent derivative instruments in existing studies. On this basis, the dilemma of the causes and effects of hedging is studied, which makes the research perspective more comprehensive and systematic, the research process more thorough and the conclusions more reliable. The empirical study found that the determinant factor of the depth of hedging increase the agent variable of " avoiding underinvestment motivation " than the determinant factor of hedging behavior. Although the hedging behavior of A-share listed enterprises slightly reduces the enterprise value, the enterprise with deep hedging has certain function of pulling back the enterprise value; the reduction of systemic risk and crash risk to enterprises is also more significant.

Thirdly, on the basis of the research on the impact of enterprise accounting information transparency on the risk of stock price crash, and from the perspective of information transmission, the theoretical hypothesis that enterprise hedging, which takes enterprise accounting information transparency as the intermediary, will have an impact on enterprise stock price crash risk is put forward. From the perspective of enterprise hedging behavior and hedging depth, the impact and path of enterprise hedging on the risk of stock price crash are mainly studied. The empirical study found that the hedging behavior of enterprises can reduce the risk of stock price crash, and this effect has a lag of two years. The deeper the corporate hedging, the faster the market information of hedging is transmitted, and there is only a one-year lag in reducing the risk of a crash in the company's stock price.

Fourthly, the determinant factor of the use of derivative instruments for speculative arbitrage, as well as the effects of speculative arbitrage on enterprise value, total corporate risk, systemic risk and the risk of stock price crash, are exploringly studied. The empirical study found that the enterprise scale factor in the determinant factor of the enterprise's speculative arbitrage behavior is the same as the hedging, and the management's shareholding ratio and the institutional investor's shareholding ratio are the opposite to the hedging. The speculative arbitrage behavior increased the earnings per share of the company, but reduced the operating cash flow per share and Tobin Q of the company. Speculative arbitrage significantly increases the systemic risk of a company and the risk of a crash in a company's stock price that has lagged for a year.

目　录

第 1 章

绪 论

1.1　选题背景

商品和金融衍生产品自诞生起，作为企业风险管理的重要工具，在企业日常经营中发挥着重要作用。企业使用衍生产品进行套期保值无论从理论研究还是风险管理实践来看，国外的成果相较于国内更加丰富。虽然从理论上讲合理使用衍生工具进行套期保值有助于企业对冲面临的各类风险，稳定企业经营，但是在实际的企业风险管理实践中，由于衍生工具高杠杆的属性，如果使用不当会造成更大的风险，导致使用者蒙受巨额损失。如2008年的金融危机就是衍生工具使用不当导致系统风险的典型案例。

随着世界经济缓慢复苏，国际经济环境日益复杂多变，大宗商品市场和金融市场的波动性日益加剧，衍生工具的风险管理功能有了更大的发挥空间，如何用好衍生工具进行套期保值为企业发展保驾护航是新时代的一个重要课题。

作为风险对冲的重要手段，国内上市企业中利用衍生工具进行套期保值操作的企业数量逐年增长，企业除了利用境内、境外期货交易平台以及场外衍生工具进行套期保值外，部分企业还会选择利用现货交易平台开展套期保值业务，这既是国内衍生交易市场发展的内在结果，也是企业所处的宏观经济环境变化的必然要求。

一方面，内外部环境的不确定性让企业有了更多套期保值需求。2008年金融危机以来，中国企业面临的内外部经营环境发生了深刻的变化，内外因素的交织使得上游原材料和下游产品价格双向波动日益频繁，中国企业所面临的外部环境不确定性比以往任何时候都要显著，在这样的情况下采取一定手段稳定企业经营就显得尤为重要。从外部环境来看，近年来全球经济缺乏新的增长动力，局部冲突和动荡频发，中美贸易冲突，全球性问题加剧。2008 年金融危机之初，为了刺激经济，各国政府采取了量化宽松措施，全球流动性宽松，超低利率盛行。随着时间的推移，政策刺激作用逐步衰减，国际贸易新动能不足，导致部分国家贸易保护主义有所抬头，经济全球化趋势受阻，因不同国家的经济基础不同，在后危机时代，发达经济体、新兴经济体经济走势逐渐产生分化，各主要经济体货币政策产生分化甚至背离，美元步入加息周期，国际大宗商品价格波动加剧。从 2016 年“阿尔法狗”战胜韩国围棋选手李世石，到英国脱欧和特朗普当选，从不可预测的“黑天鹅”事件频现，到大概率的“灰犀牛”事件频发，再到进入 2018 年以来的中美贸易摩擦，我国企业经营所处的环境面临着更多的风险和不确定性，从总体上看，外部宏观环境的变化导致我国外需不足，对国内企业的经营产生深刻影响。从国内经济来看，中国经济从高速增长进入了中高速增长的新常态，经济增长结构和增长动力产生了深刻变化，经济增长从粗放向集约转变，创新驱动、消费升级成为新一轮增长点。与此同时，伴随供给侧结构性改革的逐步推进，要素和投资驱动变成了创新驱动；去库存、去杠杆、去产能成为常态，使得不少企业在外需不足的情况下经营压力进一步增大。

另一方面，20 世纪 90 年代以来中国衍生工具市场看似一路波折，但在金融危机后，以期货市场为代表的中国衍生工具市场稳健发展，交易金额和交易量稳步提升，可供交易的品种也大幅增加，从整体上看，中国的金融市场环境正在发生着巨大但是方向非常明显的变化，可用衍生工具种类日渐丰富，相关政策和法规逐步完善，市场规模日益扩大，参与者日益增多，特别值得一提的是，大连商品交易所在 2017 年 3 月成功上市了豆粕期权，填补了我国商品期权的空白，同时为我国相关产业链、企业和机构提供了新的避险选择。

以上两个方面的因素使得企业套期保值行为已经成为企业抵御外部经营风险，应对商品价格风险、汇率风险和利率风险的重要措施，对于稳定企业经营成果有着重要的意义。

1.2 研究意义

本书的研究意义分为理论意义和现实意义。

1.2.1 理论意义体现

①通过对上市企业年报数据的分析，将企业使用衍生工具行为进行区分和鉴别，完善了样本选择方法。从数据披露的角度看，由于相关制度要求尚不健全，国内上市企业衍生工具投资的信息披露仍不全面，不同企业的披露程度也存在一定差异，每一个企业的信息披露方式和具体表述也存在文字上的差异，难以通过程序化的数据库技术手段批量提取；从数据统计情况看，现有的各类面向学术研究的数据库都没有现成的企业使用衍生工具套期保值数据，相关研究想要获得企业套期保值数据较为困难；从研究角度看，由于种种前述原因，很多国内学者研究也往往对企业衍生工具投资种类进行简单处理，不加区分将企业使用衍生工具即视为套期保值，没有将可能存在的使用衍生工具进行投机套利企业进行进一步的甄别和研究。

为了得出更加准确完整的结论，本书首先在研究方法上将一般意义上的企业衍生工具投资行为界定和区分为套期保值和投机套利，分析投机套利企业和套期保值企业在衍生工具使用上的异同，从概念上对两种行为进行界定。因为现有的各类经济金融数据库都没有企业使用衍生工具的相关数据，为了全面、准确、深入地获得第一手数据，本书进一步通过对全部A股上市企业年度报告进行筛查分析，以求准确划分出利用衍生工具套期保值的样本，并进行针对性研究，从根本上排除了投机套利行为对研究结果的影响。本书认为，在企业的实际经营过程中，虽然同样是投资衍生工具，但套期保值与投机套利这两种行为的根本动因不同，在企业对所使用工具的性质和作用有充分认识的前提下，套期保值企业的目标是对冲企业持有的基础资产所面临的风险，降低企业在运营过程中的风险敞口，而投机套利企业的目标是通过放大风险进行投机获利，当企业面临相同外在风险时，企业进行套期保值和投机套利的衍生工具投资方向、头寸以及对企业经营产生的实际影响是截然相反的，只有有效区别这两种行为，我们才能够更加准确衡量套期保值行为对企业的影响。

②在新的发展阶段重新审视了套期保值行为对企业价值的影响，通过“行为鉴别—动因研究—影响分析”为主线的研究逻辑框架，深入分析企业套期保值的内在动因，通过采集 2007—2016 年这 10 年的样本数据，既排除了经济中周期的影响，又使得研究结果能反映出我国经济新常态下的企业套期保值的客观规律。从文献综述看，国内目前相关研究主要考察期间是在 2008 年的金融危机之前，而金融危机的发生一方面让更多企业认识和了解了衍生工具，同时也深刻改变了包括中国上市企业在内的各类市场参与者对衍生工具的认识；另一方面在金融危机之后，中国企业所处的市场环境和政策环境也发生了巨大的变化，衍生工具相关政策更加规范，企业可以用于投资的衍生工具更加多元，市场参与主体进一步丰富，进行套期保值的企业数量进一步提升。本书通过数据收集，考察和分析了中国企业使用衍生工具套期保值的现状，在定性和定量分析的基础上，探究企业在 2007—2016 年这 10 年内的套期保值行为。在西方和国内部分学者研究的基础上，对套期保值行为动因理论、套期保值企业价值影响理论进行了进一步补充，同时分析了套期保值行为对企业风险、系统风险的影响，并提出了套期保值对上市企业股票价格崩盘风险的影响传导路径 。同时为了研究的全面性，作者参照套期保值企业研究方法进一步对投机套利企业使用衍生工具的动因、对企业价值、企业总风险、系统风险、崩盘风险进行了探索因子分析。使得本研究更加全面和严谨。

③引入套期保值深度变量（Degree）（衍生工具总收益/企业总利润），突破了以往研究中衍生产品使用仅用虚拟变量的困境，使研究过程更加严谨，研究结果更加可信，也为后续研究提出了新思路。相比已有研究，本书引入套期保值深度指标，深入分析了企业套期保值行为和背后的动因，探究了企业套期保值行为程度的不同对企业价值和风险的影响。大部分国内研究仅从上市企业是否运用衍生工具进行套期保值角度进行研究分析，然而通过本书作者对2007—2016年间A股上市企业衍生工具投资情况的统计分析，进一步发现从客观情况来看，虽然同样是通过衍生工具套期保值，不同套期保值企业之间利用衍生工具对冲的风险敞口存在差异，即企业的套期保值深度不同在研究套期保值对企业风险影响的基础上，进一步分析了企业套期保值行为和套期保值深度对企业股价崩盘风险的影响，补充和完善了企业套期保值的研究空白。

④在分析国内外学者研究的基础上，本书认为崩盘风险对企业经营的稳定性很重要，因此从信息传导视角深入研究了套期保值行为对股票价格崩盘风险的影响。通过使用三种实证方法将企业内在的套期保值行为与企业外在的股价崩盘风险联系起来，探究了企业套期保值行为与企业股价崩盘风险之间的逻辑关系，弥补了套期保值与股价崩盘风险研究方面的空白。

1.2.2 现实意义体现

①从企业风险管理实践来讲，本书的研究成果对于企业套期保值策略的制定与实施具有指导作用。具体来讲，虽然本书研究结论并不支持减少税收预期、降低财务危机成本、替代假说，但是企业规模、机构投资者持股比例、管理层持股比例都是影响企业套期保值的决定因素，因此目前提高企业治理水平对于套期保值有重要意义。

②从金融市场发展来讲，本书的研究成果对于政府有针对性地制定支持我国衍生品市场发展的相关政策具有一定的指导意义。自2008年

金融危机后，国内不少投资者谈衍色变，过分强调衍生工具的高杠杆、高风险和高度复杂的特性，认为衍生工具与投机交易密不可分，这显然有失客观。本书研究成果发现，尽管我国企业高度有效实施套期保值的比例不高，导致对企业价值产生负面影响，但是套期保值对于企业系统风险降低明显的结论说明了套期保值的效率是决定保值效果的重要因素，因此对企业套期保值行为的监管应该以此为重点，优化相应的监管流程和指标，强化套保纪律。

1.3 相关概念界定

本书的目的是研究中国 A 股上市企业套期保值行为对企业的影响，为了更加深入准确研究企业套期保值行为及其影响，首先需要对相关概念进行界定。

1.3.1 衍生工具

衍生工具是指价值随着基础资产价值变动的合约，该类合约以杠杆和信用交易为特征，国内外对于衍生工具有不同的定义。

（1）国外的定义

美国经济学 Frank J. Fabozzi 在其重要著作《CAPITALMARKETS》中从合同权利义务角度给出了衍生工具的定义，即所谓衍生工具就是一些合同给予合同持有者某种义务或对某一种金融资产进行买卖的选择权，同时 Frank J. Fabozzi 还指出这些合同即衍生工具的价值由其交易的金融资产的价格决定。根据国际互换和衍生工具协会从现金流和风险转移的角度给出了衍生工具的定义，该协会认为，衍生工具是有关互换现金流量和旨在为交易者转移风险的双边合约。该学会同时提出衍生工具合约到期时，交易者所欠对方的金额由基础商品、证券或指数的价格决定。

国际会计准则委员会（International Accounting Standards Board, IASB）在国际会计准则第39号（IAS39）中指出了衍生工具的定义——衍生工具是指具有以下特征的金融工具：一是其价值随特定的变量变动，这些变量包括利率、汇率、价格、信用等级或信用指数等；二是其不要求初始净投资，或与对市场条件变动具有类似反应的其他类型的合同相比，要求较少的净投资；三是其结算时期在将来。

美国财务会计准则委员会（FASB）在SFAS119中从衍生工具的实际分类角度指出了其定义：衍生工具是期货合约、远期合约、互换和期权合约以及类似的金融工具，如利率上限与下限和固定利率借款义务（承诺）等。

（2）国内的定义

根据中国银行业监督管理委员会（以下简称银监会）2011年发布的《银行业金融机构衍生工具交易业务管理暂行办法》第三条，对衍生工具定义为：本办法所称衍生工具是一种金融合约，其价值取决于一种或多种基础资产或指数，合约的基本种类包括远期、期货、掉期（互换）和期权。衍生工具还包括具有远期、期货、掉期（互换）和期权中一种或多种特征的混合金融工具。

根据财政部2017年3月31日修订的《企业会计准则第22号——金融工具确认和计量》第五条，衍生工具是指属于准则范围并同时具备下列特征的金融工具或其他合同：①其价值随特定利率、金融工具价格、商品价格、汇率、价格指数、费率指数、信用等级、信用指数或其他变量的变动而变动，变量为非金融变量的，该变量不应与合同的任何一方存在特定关系。②不要求初始净投资，或者与对市场因素变化预期有类似反应的其他合同相比，要求较少的初始净投资。③在未来某一日期结算。常见的衍生工具包括远期合同、期货合同、互换合同和期权合同等。

1.3.2 套期保值

学术界一般将套期保值定义为交易者为规避自身所面临的各类风险而进行的衍生工具交易，从总体上看，其规避的风险主要包括信用风险、市场风险和流动性风险。在套期保值过程中，市场参与者根据其在现货市场的交易部位，在金融市场作一个方向相反、数量相同的衍生工具合同交易，其目的是利用衍生工具合同来管理商品交易和商品价格的波动风险，使利润正常化、合理化，以防止商业活动中对现货价格变动进行投机，而使价格波动的风险局限于基差的变动。套期保值需要遵循的原则包括交易方向相反原则、商品种类相同原则、商品数量相等原则、时间相同或相近原则。

根据财政部2017年颁布的《企业会计准则第24号——套期会计》指出的定义，套期保值是指企业为管理外汇风险、利率风险、价格风险、信用风险等特定风险引起的风险敞口，指定金融工具为套期工具，以使套期工具的公允价值或现金流量变动，预期抵销被套期项目全部或部分公允价值或现金流量变动的风险管理活动。

1.3.3 投机套利

从理论上讲，套利是指不承担风险获取收益的行为，实际应用衍生品进行套利过程中由于现货与衍生品标的不一定相同、期限不限定匹配等因素，造成套利事实上是承担一小部分风险获取收益的行为。投机（在金融学中也称投资）指的是利用衍生工具，通过承担其风险获取收益的行为。由于本书的重点是研究企业套期保值的相关问题，因此本书在样本分类时把凡是不以套期保值为目标的衍生工具使用行为定义为投机套利行为，在样本分类时将投机与套利归为一类。

1.3.4 企业价值

本书主要基于托宾 Q 的价值理论来衡量企业价值，即企业市场价值与企业资产的重置成本之比。这一指标从市场角度出发，实际上是衡量企业创造的价值与创建企业所需投入的价值之间的关系，本书根据中国企业的实际情况，利用以下公式（1.1）计算企业的托宾 Q 值：

$$Q=(\text{股东权益市场价值}+\text{负债账面价值})/\text{总资产账面价值} \quad (1.1)$$

在以上公式中，资产的市场价值用企业普通股市场价值与债务的账面价值总和来表示，其中普通股市场价值采用年末最后一个交易日的收盘价格与企业普通股数量之乘积来计算，同时采用企业的账面价值指标表示企业的重置成本。

1.3.5 企业风险

根据我国国有资产监督管理委员会（以下简称国资委）2006 年 6 月发布的《中央企业全面风险管理指引》，企业风险是指未来的不确定性对企业实现其经营目标的影响。企业风险一般可分为战略风险、财务风险、市场风险、运营风险、法律风险等。站在投资者的角度，根据现代资产组合理论（MPT）理论，当把上市企业看作一个资产组合的时候，一个企业的总风险可以分为系统风险和非系统风险。所谓系统性风险是指受到经济周期波动、宏观经济政策等因素影响，企业不能通过不同投资手段分散、减少的风险；非系统风险是企业特有事件造成的风险，可以通过企业分散经营分散，企业的非系统风险主要包括信用风险、经营风险、技术风险等，对于本书所研究的 A 股上市企业而言，非系统性风险体现了企业在自身运行的不确定性，这种不确定性会引致企业股价在二级市场上的波动，而这一波动与市场整体宏观运行情况不存在直接关系。

1.3.6 崩盘风险

股价崩盘（Crash）指的是市场指数或个股价格突然大幅度下降，一般而言，市场指数或个股价格单日或数日累计跌幅超过20%，我们就认为发生了股价崩盘。但是在理论研究中，对崩盘风险的定义排除了股票市场的影响，主要考虑其他的随机因素对企业股价的大幅扰动，因此本书对崩盘风险的定义也是考虑非市场的随机因素造成股价崩盘的风险。

1.4 研究方法与技术路线

①样本选择中一方面以WIND、CSMAR等各类数据库为基础，对能够批量提取的企业经营管理的相关数据进行收集；另一方面以“对冲”“套利”“远期”“期货”“掉期”“期权”“互换”“CDO”“CDS”“NDF”等衍生产品使用频率较高的作为关键词，通过人工逐份筛查方法，对巨潮网上2007—2016年的全部A股上市企业年度报告进行筛选获得企业衍生工具的基础数据。在样本数据基础上，根据研究假设，综合运用多元线性回归模型、Logit模型、Tobit模型等多种统计工具对企业套期保值行为的决定因子、套期保值行为对企业价值的影响、套期保值行为与企业风险、股票价格崩盘风险之间的关系进行量化分析。

②通过文献研究，对国内外学者的主要观点进行了系统的综合论述，在分析我国市场现状的基础上，遵循主流研究范式，结合经济学领域前沿的相关理论，对企业套期保值行为决定因子和企业价值影响两个方面的内容分别提出研究假设，并使用合适的实证分析方法对所提出的假设进行检验。由于目前国内外在企业套期保值对股价崩盘的影响方面

还没有相关理论研究，因此本书从信息传导视角，深入研究了套期保值和投机套利行为对企业股价崩盘风险的影响以及影响路径。

③通过对研究样本进行分类，进一步提高研究的正确性。本书将一般的企业衍生工具投资区分为套期保值行为和投机套利行为，根据企业行为分别确定套期保值企业样本和投机套利企业样本，并针对两种样本进行实证研究，分别在同一时间周期内通过对不同样本数据进行回归分析。通过深入对比 A 股上市企业的套期保值和套利行为，探讨背后的行为逻辑和经济意义。

④对套保深度差异的影响进行分析研究。参照已有的研究方法，本书提出企业套期保值深度指标，在研究企业套期保值行为相应问题的基础上，进一步对套期保值企业投资衍生工具数量的差异进行研究，分析企业套期保值深度的决定因子，探究套期保值企业投资衍生工具数量的差异对企业价值、风险和股价崩盘风险的影响情况和影响机制。通过对比企业套期保值行为和套期保值深度实证分析结果的差异，分析差异原因并提出政策建议。

本书研究的技术路线如图 1.1 所示。

1.5 研究的主要内容

本书的主要内容包括：

第 1 章，绪论。主要介绍了本书的选题背景和研究意义，提出了本书所研究的主题，设计了相应的研究方法与技术路线，介绍了研究的主要内容与创新点，并对研究中涉及的相关主要概念进行了界定。

第 2 章，文献综述。围绕本书研究内容，分别对国内外学者就企业使用衍生工具套期保值行为的决定因子，套期保值行为对企业价值的影响，套期保值行为对企业总风险、系统风险和股价崩盘风险影响的有关

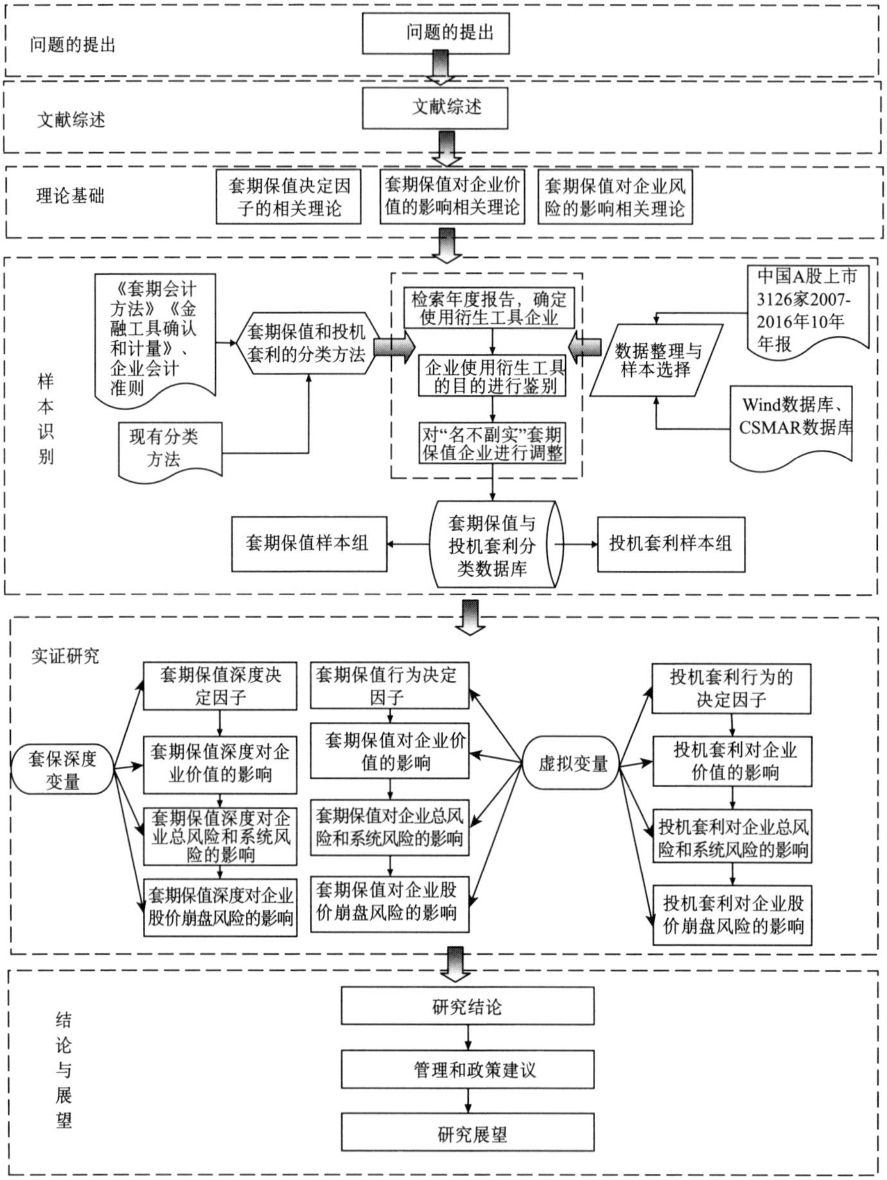

图 1.1 技术路线图

研究进行了综述。

第 3 章，理论基础及分析框架。基于套期保值行为理论、套期保值与企业价值、企业风险的理论，以及我国现有 A 股上市企业使用衍生工具现状中存在的问题，构建出本书的分析框架。通过 2007 年至 2016 年我国 A 股上市的 3126 家企业近三万份年度报告逐份筛查、汇总和分析，对上市企业使用衍生工具的现状进行了系统的回顾和分析，主要考察了 A 股企业衍生工具的投资种类、数量、参与企业范围和行业等相关现状。在此基础上，提出了企业套期保值和投机套利的分类方法，分别形成套期保值企业研究样本和投机套利企业研究样本。

第 4 章，我国上市企业套期保值决定因子的研究。以第 3 章筛选出的 10 年来进行套期保值的 308 家 A 股上市企业为研究对象，考察了企业套期保值行为的决定因素，并将西方学者的主要假设观点分为六种，并分别提出研究假设。针对每一种研究假设，本书通过选择在企业经营管理中处于主要地位的相关影响因素作为解释变量，分别以描述性统计分析和回归分析对相关假设进行验证。本书的回归分析主要是采用 Logit 模型来探究内外部影响企业做出套期保值行为的决定因素。在研究企业套期保值行为决定因素的基础上，本书参照有关学者的研究方法，定义了企业套期保值深度这一变量，利用 Tobit 模型对企业分析了 2007 年至 2016 年的企业套期保值深度的决定因素。

第 5 章，我国上市企业套期保值对企业价值的影响研究。以套期保值企业样本组作为研究对象，探讨套期保值行为对企业价值的影响。本章采用衡量企业价值的每股收益率、每股经营现金流、总资产收益率和托宾 Q 为被解释变量，分别以套期保值虚拟变量和套期保值深度为被解释变量，分层次的验证了我国企业套期保值行为对企业的价值的影响。

第 6 章，我国上市企业套期保值对企业风险的影响研究。以企业总风险和系统风险为被解释变量，研究了企业使用衍生工具套期保值对企业总风险和系统性风险的影响。在此基础上，本书进一步研究了企业套期保值行为与企业股价崩盘风险之间的内在联系。

第 7 章，我国上市企业运用衍生工具投机套利的研究。以投机套利企业为研究样本，研究了企业投机套利行为的决定因素，企业投机套利行为对企业价值、总风险、系统风险和股价崩盘风险的影响。

第 8 章为本书的研究结论与展望，在对比分析套期保值和投机套利的动因，对企业的影响基础上，总结了本书的主要研究结论，对应提出了有针对性的政策制定和企业管理建议，同时提出了撰写过程中发现的新问题，为后续研究指明了方向。

1.6 本书的创新之处

本书针对已有文献中有待继续深入研究的问题和实际研究工作的需要，将国内外经典理论和国内衍生工具发展现状有机结合，使用中国上市企业全行业、长周期一手数据进行了相关研究，可能的创新之处有以下四点：

第一，研究样本分类方法创新。本书基于 2006 年 2 月 15 日，财政部印发的《企业会计准则第 22 号——金融工具确认和计量》《企业会计准则第 23 号——金融资产转移》《企业会计准则第 24 号——套期保值》以及《企业会计准则第 37 号——金融工具列报》中对衍生工具使用目的的披露、确认和计量作为判断依据。在总结现有文献基础上，结合我国上市企业衍生工具使用实际，依据使用目的不同，本书提出了我国上市企业使用衍生工具的具体分类方法和步骤。形成企业专有衍生工具数据库，对套期保值及投机套利企业进行了区分。由于上市企业年度报告对于衍生工具披露表述的方式不统一，披露深度存在一定差异，研究者很难通过计算机编程等标准化手段通过批量解析企业年度报告获得数据，而且在目前已有的包括 WIND、CSMAR 数据库在内的各类经济金融数据库皆没有包含企业衍生工具投资使用情况的数据。为了准确获得第一手的企业衍生工具投资情况，全面了解和掌握企业投资衍生工具的时间、种类和数量，本书总结性地提出了企业使用衍生工具分类的方法步骤：主要是通过检索年度报告，确定使用衍生工具企业；根据企业年度报告的财务报表会计分录进行分析；利用年度报告其他信息辅助区别投机套利和套期保值失效，最后对套期保值企业的套保效果进行再次确认。按照此分类方法从2007年至2016年间3126家A股上市公司中筛选出“高度有效套期保值企业”和“非高度有效套期保值企业”共308家作为套期保值企业研究对象组；“既套期保值又投机套利企业”“纯投机套利企业”共100家作为投机套利企业样本组。在此基础上对企业套期保值动因、套期保值内在影响、套期保值外在效果进行了环环相扣的分析，在经验数据的基础上，全面展示了中国上市企业套期保值行为的宏观图景。本书提出的样本分类方法为我国企业使用衍生工具的相关研究奠定了研究基础，弥补了目前国内对此问题研究不足的缺憾。

第二，在套期保值行为的研究基础上，将套期保值深度（Degree）变量引入企业套期保值问题研究中，从企业套期保值的动因差异、对企业价值、总风险、系统风险、崩盘风险影响差异的视角，设计了企业套期保值问题的整体研究框架，克服了已有研究中使用虚拟变量表示衍生工具使用与否，据此来研究套期保值动因及效果的困境，使得研究视角更加全面系统，研究过程更加深入，结论更加可靠。大部分国内研究仅从上市企业是否运用衍生工具进行套期保值角度进行研究分析，然而企业实际情况是虽然同样是通过衍生工具套期保值，不同套期保值企业之间利用衍生工具对冲的风险敞口存在差异，即企业的套期保值深度不同，为了衡量这种差异，本书加入套期保值深度变量（Degree），考虑到在A股上市企业年度报告中，每一个衍生工具投资企业都对每一个年度持有衍生工具的公允价值期初和期末价值进行了充分的披露，从数据的可得性和横向可比性角度出发，本书使用“衍生工具浮动盈亏即衍生工具总收益和上市企业当年净利润之比的绝对值”作为代理变量，衡量企业的套期保值深度。通过引入此变量的实证研究中发现在套期保值深度的决定因素方面比套期保值行为的决定因子增加了“避免投资不足动因”的代理变量。因此，从整体上来看，西方学者提出的六种假说中的降低财务危机成本假说，避免投资不足假说，规模假说和内部治理假说相关因素都对我国上市企业套期保值行为深度产生了影响。企业规模越大，就越有动力使用衍生工具进行套期保值或者投机套利；管理层持股比例越高，企业越有可能投机套利，管理层持股比例越低，企业越有动力套期保值。在套期保值深度对企业价值影响方面发现，A股上市企业投资衍生工具进行套期保值行为微弱的降低了企业价值，而套期保值深度深的企业对企业价值有一定的回拉作用。本书认为套期保值行为导致企业价值的下降，可能是由于企业套期保值高度有效性不足所致。在风险方面通过实证研究发现企业用衍生工具套期保值的程度越深越降低了企业的系统性风险和崩盘风险。

第三，从信息传递视角，在企业会计信息透明度对企业股价崩盘风险影响的研究基础上，提出了企业套期保值以企业会计信息透明度为中介，对企业股价崩盘风险产生影响的理论假设，从企业套期保值行为与套期保值深度两个层次上重点研究了企业套期保值对企业股价崩盘风险的影响程度和路径。从已有的研究文献看，相关学者从会计信息透明度、信息隐藏、异质信念等角度对企业股价的突然崩盘原因进行了研究，但尚未有学者对企业投资衍生工具行为与股票价格崩盘风险之间的联系进行过研究。本书从信息传递视角，首先对企业使用衍生工具与企业会计信息透明度之间的关系进行了研究。根据财政部令第33号，2007年起A股上市企业应当根据最新的企业会计准则对企业使用衍生工具的相关信息在年度报告中予以披露，这本身就是提升企业会计信息透明度的一个举措。通过实证分析，证明了企业使用衍生工具套期保值进行风险对冲，能够降低企业管理层能力信号中的“噪音”，提升信息传递的有效性，降低信息不对称，提高会计信息透明度。再次运用衡量企业崩盘风险的三种方法：COUNT、负收益偏态系数（NCSKEW）、上下波动比率（DUVOL），以全部2007—2016年间使用衍生工具的A股企业t－1期和t－2期的解释变量和控制变量数据作为自变量，从理论上和实证上分析和探究了套期保值行为及投机套利行为对企业股票价格崩盘风险的影响，验证了企业使用衍生工具套期保值确实可以降低企业股价崩盘风险，这一影响存在两年的滞后性；而作为更加量化的指标，套期保值深度在市场上的信息传递效果要强于企业套期保值行为指标，企业套期保值程度越深，这一降低效应传递就越快。

第四，探索性地研究了企业使用衍生工具投机套利的决定因子，以及投机套利行为对企业价值、企业总风险、系统风险及股价崩盘风险的影响。研究发现，企业使用衍生工具进行投机套利行为与企业规模、管理层持股比例正相关，与企业机构投资者持股比例负相关。对比套保企业发现，企业规模因素是企业投资衍生工具的影响因素，企业规模越大，就越有动力使用衍生工具进行套期保值或者投机套利，无论是投机套利还是套期保值，相比于规模较小的企业，大企业都更有动力。企业机构投资者持股比例越高，企业进行衍生工具投资就越少，其套期保值或者投机套利行为相应也会减少。

第五，从企业管理层持股比例来看，企业管理层持股比例越高，其衍生工具投资更倾向于投机套利而非套期保值。在企业价值方面，企业使用衍生工具投机套利提升了企业的每股收益，并对企业总资产收益率有一定的正向影响，但是却降低了企业的每股经营现金流量和托宾 Q 值，这种情况的出现说明企业可以利用对衍生工具的估值“粉饰”业绩，但是却无法改变企业的经营性现金流量情况。在认识到管理层可能通过投机行为套利“粉饰”业绩的情况下，市场上的投资者对企业的价值评估就会出现下降，因而投机套利企业托宾 Q 值与企业投机套利行为之间存在负相关关系。在企业风险方面，企业投机套利行为不显著增加了企业的总风险，显著增加了企业面临的系统风险，同时，我们发现 $t-1$ 期企业的投机套利行为对 t 期企业股价崩盘风险有正向作用，企业投机套利行为增大了企业股票价格崩盘风险。

第 2 章

文献综述

2.1　套期保值的决定因子

2.1.1　国外研究现状

西方学者经过多年的研究认为，企业套期保值行为受到多方面的因素影响，其中一部分学者认为企业运用衍生工具进行套期保值的行为主要受企业外部环境决定，这些因素包括企业面临的税负函数性质、企业所要遵循的会计等各项制度，以及企业在经营管理过程中面临的政治风险等；另一部分西方学者认为企业套期保值行为主要是由企业内部因素决定，从总体上看这些因素包括企业治理结构和财务特征。

（1）企业外部环境决定

企业外部环境因素主要包括税负因素和社会因素这两个方面的研究。

最早提出企业套期保值动因（约定因子）的学者主要是从税负因素进行研究。Smith 和 Stulz（1985）研究发现，当企业所面临的税收函数是凸函数时，企业可以通过套期保值降低收入造成的经营性波动，从而降低企业的税负成本；Nance 等学者（1993）经过研究认为，企业所面临的税收函数凸性越高，其越能激励去使用衍生工具套期保值。Graham 和 Rogers（2002）以 1994—1995 年美国企业为研究对象，发现企业通过套期保值可以提高企业举债能力，使企业享受税盾的节税优势。

除了税负因素，会计制度、监管制度、政治制度等社会制度也都影响企业套期保值行为。Dolde（1993）认为，企业当期亏损转结的数额与企业套期保值行为存在一定的正相关关系。Bodnar（2003）等经过比较美、荷两国企业运用期权、期货等工具对冲汇率风险的行为差异，发现其主要不同源于两国制度差异；Bartram 等学者（2005）研究认为，企业套期保值行为与其面临的外部风险有相关关系，政治风险越高企业套期保值行为越少，而金融风险越高，企业套期保值行为越多。Pinghsun Huang 和 Hilliard（2005）发现银行业最有动力使用套期保值工具，且其使用工具的行为与其监管指标有相关关系；Lin（2007）认为经营所涉及的国家越多，即国际化越强，其越有动力使用金融工具进行套期保值。Yip 和 Nguyen 等（2012）基于 94 家澳大利亚上市企业为样本，对汇率风险和外汇衍生工具使用进行再研究，发现衍生工具的使用确实能减小汇率风险，汇率风险敞口的加大并不影响衍生工具的使用，而企业的规模却是影响外汇衍生工具使用的决定因素。

（2）企业内部因素决定

从企业内部角度而言，西方学者主要从企业降低财务危机、避免投资不足、流动性替代以及其他动因等角度进行分析。

一些学者认为企业套期保值行为是为了降低财务危机成本。Jensen 和 Meckling（1976）认为，企业资产负债率越高，企业陷入财务危机的可能性就越大，企业运用衍生工具的行为就越显著。Rawls 和 Smithson（1990）认为，企业不进行套期保值会导致企业收入和现金流的波动加大，陷入财务危机可能性就高，同时陷入财务危机后企业要承担许多直接和间接成本。Covitz（2005）通过对相关企业的研究，发现企业规模越大，其抵御风险的能力也较强，企业规模越小，其利率敞口越多，就更有动力去利用工具对冲其所面临的利率风险。Fehle（2009）在研究中通过动态连续模型进一步证实了降低财务危机成本是企业套期保值的动因之一。Kelsey 和 Laura（2013）实证发现，财务困境成本高的企业更需要使用外汇衍生工具来降低企业的财务困境成本。

一些学者认为企业套期保值是为了防止错过好的投资机会，避免投资不足。Myers（1976）认为当企业外部融资成本较高但是企业内部现金流波动大时，企业会因为现金流缺乏而放弃较好的投资机会。Carter 等人（2006）通过对美国航空业进行分析，发现航空企业在外部融资成本高时，通过套期保值稳定现金流，利用低成本的内源性融资，实现了较好的扩张，增加了企业价值。

一些学者将研究的重点放在了企业的资产结构上，从资产结构提出了企业套期保值的替代动因，认为拥有丰富的流动资产的企业套期保值动机就会相对较弱。Nance 等人（1993）认为持有大量流动性资产的企业可能会降低套期保值的需求。

除了以上三种动因，西方学者还从企业内部的其他因素进行了动因分析。Ugur（2006）认为，企业治理结构对企业使用衍生工具套期保值存在影响，治理结果完善的企业追求的是企业价值最大化，而治理结构不完善的企业则在套期保值时追求的是管理层利益最大化。Smith 和 Stulz（1985）研究发现，鉴于衍生工具的复杂性和使用操作的专业性，规模大的企业更有能力雇用专业人才从事套期保值操作；Tufano（1996）发现企业套期保值行为与管理层持股比例存在正相关关系。

2.1.2　国内研究现状

对比国外学者的研究，国内文献研究偏向于结合企业内外部因素，主要从企业降低财务危机、避免投资不足、流动性替代以及税负因素和社会因素及其他动因等角度进行综合分析。

贾炜莹、陈宝峰（2009）通过对中国 A 股上市企业的研究发现，资产负债率、固定资产比率、企业规模、管理层因素都与企业套期保值存在正相关关系，而实际税率与企业套期保值行为之间并未显著的相关关系。王艳（2012）通过对沪深两市 A 股、创业板及中小板 2008—2010 年财务数据进行分析，发现资产规模、资产负债率、实际税率、利息保障倍数、市盈率、固定资产比例、管理层持股比例是影响企业套期保值行为的几大因素，而且通过多元回归模型分析发现运用衍生工具进行套期保值对企业价值的提升在某些情况下有促进作用。张万里（2013）以浙江省部分外向型企业为研究对象，通过 Logistic 回归分析研究了企业使用衍生工具与企业规模、企业成长力、负债水平、资产流动性等财务指标之间的关系，发现前两个指标与企业使用衍生工具行为具有正相关关系，而另外两个指标并不相关。戴致光（2013）发现了企业套期保值决策与财务困境成本和流动性需求的高度相关，但是管理者持股激励机制有可能并未起到应有的作用。罗斯琦（2014）以2007—2010年间沪深有色金属上市企业为研究样本，发现企业规模大小、预期税收、降低财务困境成本是上市企业套期保值行为的主要决定因素；管理层持股对套期保值行为具有积极影响；避免投资不足对企业套期保值行为具有消极影响；控股股东持股比例对套期保值行为没有显著影响。张倩、冯芸（2014）通过对上市企业2004—2013年披露的财务数据和期货交易数据进行分析发现，部分企业使用套期保值工具是处于投机动机，套期保值行为可以稳定企业经营业绩，而处于投机动机的套期保值行为则会加剧企业经营业绩的震荡。曹玉姗（2016）以2008—2010年应用过衍生工具的企业为样本，发现企业管理层权力驱使企业实施衍生工具投机而非套期保值，企业增长速度越快，企业使用衍生工具投机的可能性越大。章愈婧（2018）以2007—2016年我国制造业A股上市企业为研究对象，发现机构投资者会积极地监督、鼓励企业的套期保值行为以进行风险规避和管理，并且这种监督职能的发挥能够有效减少陷入财务困境企业的风险转移现象，同时发现机构投资者在国有企业中的监督作用远小于非国有企业。康翻莲（2012）通过研究发现，中国企业使用衍生工具的动机，既不支持公司价值最大化理论也不支持经理层自利理论。都红雯、陈高才（2004）通过公研究认为在对运用衍生工具进行套期保值活动动机的分析中，公司管理层是核心，起着关键作用。黄晓艳（2010）通过研究发现，机构客户参与程度不高，特别是套期保值参与程度不高是我国商品期货市场套期保值有效性不高的一个重要原因，国有企业考核机制是制约套保有效性的制度因素。蔡丽琴（2015）通过对2009—2011年台湾地区384家上市电子企业的研究发现，影响企业使用衍生金融工具与否的变量主要有董监事持股比例、外销比例及资产报酬率等。郑夏莉（2015）通过对 2012—2013 年能源、石油化工、农业、钢铁和有色金属行业上市公司的研究，发现开展套期保值活动的企业相对于没有开展套期保值活动的企业来说，更能有效降低投资不足和投资过度的程度。马孝先、周连超、郑萍（2013）基于面板数据效应模型，研究了相关因素对商业银行配置衍生金融工具的驱动效应，并发现美国商业银行的投资套利工具效应与节税工具效应是显著的，而国内商业银行套期保值效应与衍生金融市场参与能力效应是显著的，并提出了体制差异会导致企业衍生品投资动因的不同的观点。马施（2017）通过对 2012—2014 年非金融类运用衍生金融工具的上市公司为研究，发现财务压力越大的上市公司，运用衍生金融工具的概率越高；成长性越好的上市公司越倾向于运用衍生金融工具。

柯健（2009）通过对中国上市公司的实证研究发现，公司规模越大，越倾向于使用金融衍生产品。邱琼、顾晓安、李文卿（2016）通过实证分析发现，使用了衍生金融工具的上市公司总负债水平和短期负债水平虽然比未使用的上市公司高，但财务风险反而更小。李献刚（2015）通过对 30 家样本企业 2009—2012 年的数据进行实证分析，发现开展套期保值业务公司的企业绩效要比未开展的公司的企业绩效高 8.2%—10.97%。安毅、宫雨（2014）研究发现，农产品期货市场的普遍投机和非理性行为的原因，既有来自于体制外的因素又有体制内的问题。孙叶萌、侯粲然（2015）通过实证研究发现，管理者过度自信水平与衍生金融工具运用动机的强度正相关，同时，公司成长性、管理者薪酬以及管理者持股比率也不同程度地增强了管理者衍生金融工具运用动机的强度，而自由现金流的增加会降低管理者衍生金融工具运用动机的强度。周莹（2014）通过研究发现，部分企业把衍生工具交易当作一种盈利模式或者调节利润的手段。黄世忠等（2016）以我国 2007—2011 年间具有潜在风险敞口的 A 股非金融类上市公司为样本，发现现金流波动性大的企业更倾向于使用衍生工具。许润发、荆阳（2014）

通过对上市企业2007—2012年数据进行分析，发现上市公司长期负债的使用与公司衍生金融工具的使用存在较强的负相关关系。

2.2 套期保值与企业价值的关系

2.2.1 国外研究现状

西方国家衍生工具市场发展历史较长，工具种类丰富，西方学者对于套期保值行为是否可以有效提升企业价值有着相对较多的研究。具体而言，国外学者对这一问题有三种观点：

（1）套期保值行为对企业价值无影响

国内外学者Modigliani和Miller（1959）认为如果市场是完美的，则企业包含套期保值行为在内的任何财务决策都不会改变企业的价值。一些实证研究也支持了这个理论，Hentschel和Kothari（2001）对425家美国企业进行研究，发现企业的风险特征与企业是否使用套期保值工具这两者之间并没有统计学上的相关关系，企业是否使用套期保值工具都不会对企业的经营成果产生影响。

（2）套期保值行为可以提高企业价值

Aziz（2004）使用美国能源开采企业的相关套期保值数据，通过分析发现这些企业的企业价值与企业是否使用套期保值工具的关联度不大。但是，Allayannis和Weston（2001）对美国进行跨境业务的生产企业进行研究，通过检验发现，企业可以通过衍生工具增加3%—8%的企业价值。Mackay和Moeller（2007）通过研究发现，将套期保值运用到具有凸性的收入上，可以使得石油采掘企业增加2%—3%的企业价值。Jose和Amiyatosh（2008）分别对采用衍生工具套期保值的巴西企业和未采用衍生工具的巴西企业进行对比研究发现，进行了套期保值行为的企业价值更高。Carter 等（2006）通过研究，认为企业套期保值行为可以有效降低企业的外部融资成本，从而增加企业 12%—16% 的价值。Giraldo 等学者（2017）对哥伦利比亚 39 家企业 2008—2014 年的经营数据进行了研究分析，发现使用衍生工具可以提高企业约 6.4% 的企业价值。Yanbo Jin（2003）通过多元线性回归分析研究了美国石油天然气公司套期保值对企业价值的影响，发现套期保值有助于稳定企业价值。

（3）套期保值行为对企业价值有降低作用

Brown 和 Tort（2002）发现在东南亚金融危机后，由于受到经济波动的影响，使用套期保值工具的企业经营业绩都受到了影响，各个企业的经营情况都出现了不同程度的恶化。Yanbo Li（2003）对 44 家冶金企业分析发现，企业通过投资衍生工具套期保值对企业价值很可能存在负面影响。

2.2.2 国内研究现状

（1）套期保值行为可以提高企业价值

相对国外的研究，由于中国衍生工具市场工具种类、市场深度都不及西方成熟市场。张津、刘婉立（2013）通过对 2009 年到 2011 年的机械、设备、仪表三个行业样本企业数据分析，发现运用衍生工具套期保值可以降低企业的财务风险，有利于提高企业价值。李献刚（2015）通过对金属、能源、农业三大行业 30 家样本企业 2009—2012 年间的数据研究，发现使用衍生工具套期保值可以提高企业的业绩，对于未进行套期保值企业，样本企业的绩效提高了 8.2%—10.97%。郑夏莉（2015）以 2012 年和 2013 年能源、石油化工、农业、钢铁和有色金属行业上市企业作为研究对象，发现开展套期保值活动的企业更能有效降低投资不足和投资过度的程度。冯帆，黄翌飘（2016）和李梦、陈奉先（2017）分别以2008—2012年和2006—2016年间制造业上市企业数据为基础，发现更多使用外汇衍生工具对制造业上市企业价值有正向影响。李黎、张羽（2009）通过对美国2005—2018年间的18家银行研究发现，商业银行持有更多的衍生金融工具，会同时增加其面临的风险和获得的收益。杨书（2005）通过对15家上市银行2007—2013数据进行实证研究，发现利率衍生工具的运用对我国上市银行绩效有显著的提升作用，但具体的提升效用比较有限。周鸿卫、陈莉（2016）通过研究商业银行利率衍生工具的使用对净利息收益率的影响，发现运用利率衍生工具的银行降低了对纯利差的要求并提高了调整后的利差。郭飞、郭慧敏、张桂玲（2017）等通过对756家国有上市公司2012—2015年的年度数据分析，发现衍生工具使用显著降低了上市公司的利润波动性。李连华、杨晨杰（2014）通过实证研究发现，企业运用衍生工具能够减少现金流的波动幅度，增强现金流的稳定性，并由此提升公司的价值和业绩。王甲（2013）通过对公司运用金融衍生品的财务动因进行实证分析，结果发现公司价值、资本成本等因素对金融衍生品的运用有着积极的影响。祁甘露（2011）选取机械、设备、仪表行业2008—2010年的数据作为研究样本，发现使用衍生工具对企业的净资产收益率，总资产收益率和托宾Q均有显著提升效应。冷薇薇、陈向明（2015）通过对上市公司2011—2013年间数据进行分析，发现衍生金融工具的使用与企业的托宾Q值、每股收益和总资产收益率正相关关系。梁彦（2013）通过对金属、非金属和电子行业的数据分析，发现企业使用衍生金融工具可以提高企业绩效。郭飞（2012）通过对2007—2009年968家中国跨国企业的数据进行分析，发现使用外汇衍生品可以直接提升10%的企业价值。

（2）套期保值行为对企业价值无影响

罗孝玲、马世昌、杨怀东（2011）通过分析中国化工行业上市企业1999—2010年数据，发现进行套期保值的企业股价较为稳定，但是企业的套期保值行为对企业的价值并无显著影响。张欣、孙刚（2015）

以 2007—2013 年 1344 家上市企业数据为基础，发现使用外汇衍生工具可以提升企业的出口收入，但是无法显著提升出口利润；使用外汇衍生工具虽然能够在一定程度上降低企业盈利水平的波动性，但是效果不显著。

（3）套期保值行为对企业价值有降低作用

陈炜、王弢（2006）选取 2004 年 A 股化工相关企业作为研究对象，通过实证分析发现，中国上市企业的套期保值行为不能有效提升企业价值。戴致光（2012）汇总并分析了已有的相关实证研究后发现，套期保值可以提高企业股东价值这一理论的相关已有实证证据之间存在相互矛盾，且有多方面的局限性。张瑞君、程玲莎（2013）基于制造业上市企业套期保值的数据发现，套期保值对企业价值的影响与管理者受到的薪酬激励有关，如果管理者与股东利益激励相容，则套期保值行为有助于提高企业价值，反之，套期保值行为会降低企业价值。高佳（2013）通过研究发现，企业使用衍生工具既降低了企业面临的风险，也降低了企业的业绩。段军山、杨帆（2015）利用 16 个上市商业银行 2005—2011 年数据发现，衍生工具运用能提升银行的财务绩效，但对市场绩效有微弱的负效应，套保行为的负效应主要存在于国有商业银行中，原因可能与国内衍生工具市场发展不足、企业管理层风险管理水平不高以及存在委托代理问题等有关。

2.3 套期保值与企业风险的关系

从理论上看，套期保值主要通过对冲企业的系统风险达到降低总风险，稳定企业经营的目的，崩盘风险作为排除市场因素之外的非系统风险，似乎套期保值对崩盘风险无影响，但是由于存在特质波动率之谜，因此套期保值可能会降低崩盘风险。如果套期保值工具使用不当，对企业风险的影响可能会是另外一种结果。从总体上看，目前国内外学者对于企业套期保值行为究竟是降低了还是放大了企业风险，仍有争议。

2.3.1 国外研究现状

大部分文献支持套期保值会降低企业风险的观点。Guay（1999）将首次运用衍生工具套期保值的企业作为研究对象，在控制经营模式等企业核心商业风险影响因素的情况下，通过对企业开展套期保值计划前后经营数据的实证分析，表明了企业可以通过使用衍生工具使得其总风险、汇率风险、利率风险以及特定风险的均值和中位数显著下降，即降低企业所面临的风险。Allayannis 和 Ofek（1997）通过对标准普尔非金融企业 1993 年的数据进行分析，发现企业使用外汇衍生工具可以有效降低企业在经营管理中所面临的汇率波动风险，提升企业经营的稳定性。Yong、Faff 和 Chalmers（2009）通过对亚太地区 146 家商业银行 2002 年财务数据分析，发现商业银行使用衍生工具可以减少短期利率风险敞口，但是却增加了长期利率风险敞口。Zhou 和 Wang（2013）以英国 500 家非金融类企业为样本，发现套期保值的结果有效减小了企业在不同程度上的汇率风险敞口。

另外，部分学者支持套期保值对企业风险放大或者对企业并无显著影响的观点。Hentschel 和 Kothari（2001）的研究结论与 Guay 的不同，认为企业通过衍生工具套期保值并不能显著降低企业风险。两位学者以股票日收益的标准差作为因变量，选择企业衍生工具持仓头寸、企业杠杆率和账面市值比作为自变量，通过对 325 家金融企业和 100 家非金融企业使用衍生工具头寸系数的数值和拟合系数进行回归分析，发现企业通过衍生工具进行套期保值对企业总风险仅有 3% 的正向影响，并不显著。Hentschel 和 Kothari 认为企业使用衍生工具的目的是对冲与短期合约有关的风险，所影响的现金流仅仅是企业总体价值的很小一部分，减少短期合约风险并不能对企业的总体风险产生较大的影响。Noma

(2007) 通过对 431 家日本大型非金融企业的数据进行 OLS 回归分析，发现套期保值增加了企业所面临的总风险和特定风险，但是与企业所面临的系统风险、市场风险、汇率风险和利率风险之间的关系并不显著。研究认为，这种情况的出现主要是套期保值工具在企业的经营管理中实际的作用是企业内部的风险的再分配而不是降低企业整体风险，企业可以通过套期保值承担更多可以使企业赚取超额经济利润的特定风险，降低利率、汇率等同质风险负担，从而实现在总风险恒定或者小幅度增加的情况下，获得更多的收益。

由于国外学者关于股价崩盘风险的研究开始较早，大部分学者认为会计信息透明度对崩盘风险有影响是显著的，Ball 、Kothari 等学者发现公司的管理者出于薪酬契约、职业生涯和帝国构建等动因，倾向于隐藏公司亏损情况和不好的消息，公司管理者的这种信息管理行为将会导致股票价格被严重地高估，并形成一定水平的泡沫。Jin 和 Myers (2006) 认为信息透明度较低的资本市场更容易发生股价崩盘现象，Hutton 等从微观角度证明了公司的财务报告透明度与股价崩盘风险越小呈现负相关关系。套期保值与崩盘风险的关系目前国外没有相关文献，因此这里主要综述与本书主题相关的崩盘风险的有关文献。Black (1976) 和 Christie (1982) 根据对西方市场中企业行为的观察研究提出了“财务杠杆效应假说”，认为股票价格的突然崩盘会导致企业的负债比率上升，从而企业的杠杆率加大，进一步导致企业股票收益率波动增加，解释了股价波动方向多为负向调整，一定程度上说明了企业股票价格波动的非对称现象，但并未解释市场股价波动存在的方向一致性现象。Pindyck (1984)、Campbell 和 Hentschel (1992) 在前人研究的基础上，根据市场上的最新变化，进一步提出了“波动率反馈假说”，该假说认为信息不断进入市场会导致企业股价波动，股票价格波动导致股票风险溢价上升，风险溢价的这种变动会与不断进入市场的信息效用进行叠加，抵消好消息的正向效用，放大坏消息的负面效用，与“财务杠杆效应假说”一样，部分解释了企业股票价格的非对称波动问题，同样没有能够说明为何不同企业股票价格波动存在方向一致性的问题。

为了进一步解决以上假说存在的问题，西方学者从信息不完全假设角度进行了进一步研究。Shiller（1989）通过对20世纪90年代年美国股市急速下挫前后市场参与者情绪研究提出了“股票泡沫假说”，该理论认为在信息不完全情况下，投资者存在过度自信的非理性的投资行为，这一行为将导致股票交易价格被高估，偏离其内在价值，随着交易的不断进行，最终泡沫破裂导致企业股票价格崩盘。Romer（1993）提出了“信息不完全性假说”，该理论认为由于信息不对称及信息获取成本的存在，股票交易者不能够掌握企业的全部信息，未被披露信息的存在使得股票价格未能完全反映企业经营全貌，随着交易的不断进行，不利信息会逐步释放进入市场，从而导致股票价格崩盘。Hong 和 Stein（2003）在信息不对称这一大框架下，对前人研究进行了相应的补充，并提出了“异质信念假说”，该理论认为，如果市场存在卖空限制，那么市场股票在交易中所体现出来的价格就是乐观投资者的乐观情绪，无法反映悲观投资者的悲观情绪，基于这样的考量，该理论提出企业股票价格崩盘是由于随着时间推移，前期积累的在价格中未能体现的悲观投资者悲观情绪的集中释放。Jin 和 Myers（2004）从信息不对称理论的另一个角度进行了研究，对相关理论进行了完善并相应提出了“信息隐藏假说”，该理论认为由于存在信息不对称，企业管理者出于自利动机，往往选择隐瞒企业内部存在的负面信息，仅对有利信息进行披露，客观上造成了未披露的负面信息在企业内部不断积累的情况，一旦出现企业自身无法继续承载的情况，或者由于内外部环境变化导致客观条件不再容许企业管理者隐瞒负面信息，必将造成企业负面信息集中释放的情况，导致企业股价受到冲击，形成股价短时间内急速下挫崩盘。

2.3.2 国内研究现状

相比西方学者的研究而言，国内学者在企业套期保值对企业风险影响方面的研究并不多，相关研究结论也存在一定的差异。

部分文献支持套期保值会增大企业风险的观点。贾炜莹、兰凤云等（2009）通过对 2007 年 1151 家 A 股非金融上市企业数据进行分析，以企业年度 beta 值代表企业所面临的系统风险，以美国学者 Altman 在 1968 年创建的 Z - score 模型计算 Z 计分值代表企业面临的破产风险，使用套期保值虚拟变量，以企业总资产、资产负债率、主营业务收入增长率和固定资产比率作为控制变量进行回归，发现企业使用衍生工具对企业的系统风险和破产风险都有微弱的增加效应。李义超、肖海霞（2010）研究了衍生工具使用对上市公司风险的影响，发现衍生工具的使用会显著地增加公司的系统性风险。

部分文献支持套期保值会减小企业风险的观点。赵旭（2011）以中国 28 家有色行业上市企业 2004—2008 年间的样本数据作为研究对象，以上市企业股票的 Beta 值、现金流波动的标准差作为因变量，以企业是否使用功能衍生工具作为自变量，以资产规模、资产负债率和流动比率作为控制变量进行回归，就企业套期保值对其价值和风险的影响进行了分析，发现企业使用衍生工具在一定程度上能够减少企业所面临的内生性风险。张植（2015）提出套期保值理论可以分为三个阶段，分别是传统套期保值理论、基差逐利型套期保值理论、现代投资组合保值理论，其中现代投资组合理论认为套期保值就是把期货市场和现货市场上的商品进行投资组合，预计组合可能的收益和方差，从降低方差或使效用函数最大化的角度来确定期货市场的保值比率。

部分文献支持套期保值对企业风险无影响的观点。斯文（2014）通过对我国沪深 A 股制造业 2007—2012 年数据进行分析，得出了与贾炜莹、兰凤云等（2009）相反的结论，认为企业无论是整体的衍生工具还是不同类型的衍生工具合约，对企业个体风险和系统风险都产生了抑制效应，且企业使用的外汇衍生工具对企业个体风险的抑制效应在统计上显著，商品衍生工具和利率衍生工具的影响不显著。

在股价崩盘风险方面国内现有研究主要是从机构投资和信息透明度

的视角进行研究。例如，1987的股市崩盘与2000年的网络泡沫都可以看到机构投资者的身影。然而，中国股票市场起步较晚，发展尚不完善，暴跌暴涨现象更是频繁，机构投资者的壮大是否能降低股价崩盘风险，从而稳定金融市场值得我们的思考。CEO性别（李小荣、刘行，2012）、投资者情绪（陶洪亮和申宇，2011）、税收激进（江轩宇，2013）以及分析师乐观偏差（许年行、江轩宇等，2012）等因素对股价崩盘风险之间的影响。许年行、于上尧、伊志宏（2013）认为机构投资者的羊群行为会增加股价崩盘风险。国内学者潘越等（2011）参考Jin和Myers（2004）的研究方法，以A股上市企业的数据为样本，研究了中国A股企业信息透明度和单一主体股价崩盘风险的关系，对"信息隐藏假说"的模型进行了验证。

从已有的研究情况看，国内外对于企业使用衍生工具套期保值的研究较多，而对于企业使用衍生工具投机套利的研究相对较少。Baumol（1990）提出企业可能会由于面临过高的税收、过多的行政干预和外部繁杂的法律而进行投机性活动。Geczy等（1997）以企业规模和财务困境作为研究变量，对有关企业使用外汇衍生品的决定因子进行了探究，发现规模大的企业能够利用其自身的信息优势，降低衍生工具使用的单位成本，规模大的企业更倾向于衍生工具投机；而陷入财务困境的企业为了掩饰其经营业绩的真实情况，也倾向于使用衍生工具进行投机。曹玉珊（2016）以2008—2010年使用外汇衍生工具的上市企业为样本，发现管理层权力是企业投机套利动机的重要决定因子。曹玉珊（2017）通过2007—2011年应用过衍生工具的上市企业研究，发现机构投资者担心上市企业通过衍生品的投机行为会损害其自身的利益，会倾向于减少对那些应用衍生品企业的投资；同时该学者发现企业快速成长会抑制企业管理层的认知偏差，抑制企业的投机行为。李鹏（2016）通过对有色金属行业研究，认为企业投机套利行为同时受到企业内在因素和外部风险因素的影响。王江南（2007）通过运用加入可选择风险因素的委托—代理简化模型分析，发现在信息不对称的情况下，由于缺少代理人约束机制导致企业的被动过度投机行为。徐长宁（2018）认为，多数投机行为属于“被动”投机，不是套期保值者的主观意愿。王晓珂、黄世忠（2017）以 2007—2013 年企业相关数据为对象进行研究，发现公司治理差的企业应用衍生工具更倾向于投机。张玉智、曹凤岐（2009）认为大型企业可能会凭借信息优势进行市场操纵和期货投机。郑建明、郑莉莉（2011）发现企业使用外汇衍生品进行投机的影响因素主要包括杠杆比率、企业规模、盈利能力、所在省份市场化指数和政治关联度等几个因素。郭飞、马瑞（2015）提出企业投机套利是由于公司治理缺陷。邓晓玲（2017）通过对 2009—2014 年间的企业数据研究，发现我国企业使用外汇衍生金融工具主要还是倾向于投机套利。何雨（2018）发现，企业投机套利行为同时受到企业内外部因素的影响，包括企业内部控制机制和治理情况，以及外部监管因素的影响。吴东立（2006）通过研究提出，市场参与者的投机行为会受到社会的金融发展水平和市场利率的影响。

2.4 现有文献评述

在套期保值行为的决定因子方面，由于国外衍生工具发展较早，对这方面的问题研究也较成熟。国外学者对于企业套期保值行为决定因子的研究可以追溯至 1976 年 Jensen 和 Meckling 的研究，并一直持续至今，这不仅表明国外学者对企业套期保值行为动因有较早的关注，同时也反映出西方学者的研究随着市场的完善和变化在同步更新和演进。

而中国衍生工具市场工具种类、市场深度都不及西方市场，因此国内学者对于企业使用衍生工具套期保值的动机方面的研究并不多。就相关学者的研究对象和结论来看，无论是国内还是国外学者，由于各学者观察视角、观察时间区间和所研究的企业所处的外部环境的不同，企业使用衍生工具进行套期保值的动因并没有一致性的结论，这种差异既体现在中西方学者的研究结论之间，也体现在西方学者群体内部。从总体上看，西方学者的相关理论认为，企业使用衍生工具进行套期保值的行为会受到企业外部环境因素和企业内部经营管理因素等多方面影响，这些因素包括减少预期税收因素、降低财务危机成本因素、避免投资不足因素、企业规模因素、企业内部替代因素和内部治理因素等。国内学者目前的研究方法和研究框架还是参照国外学者的研究范式，结合中国企业自身的经营管理行为和成果的各项数据，将西方学者的研究观点和结论进行“中国化”，立足我国自身的原创性观点和研究方法不多。综合国内外已有的研究成果，针对所要研究的问题，考虑研究时间跨度、研究数量和研究结论，本书认为参照西方学者已有的研究范式是较为全面和科学的方法。因此，企业套期保值行为并非受到单一因素影响，而是多种内外部因素共同作用的结果。

企业套期保值行为对企业价值的影响是本书研究的一个核心问题，也是本书作者最为关心的问题之一。从这一问题的研究时间跨度看，企业套期保值行为对企业价值的影响吸引着西方学者从 1959—2017 年进行了长期研究，并且在 2000 年之后的研究较为集中。国内研究与国外有类似的情况，随着衍生金融工具种类不断丰富，市场不断延伸，国内学者对于这一问题的研究在逐步增加。

从这一问题的研究结论看，国外学者对于套期保值是否可以提升企业价值存在不同看法，既有学者认为套期保值行为与企业价值无关，也有学者认为套期保值行为可以提升企业价值，同时也有学者认为企业套期保值行为对企业经营产生了负面影响，降低了企业价值，从总体上看，西方学者在套期保值对企业价值的影响方面并未有一致性的结论。就国内研究而言，由于所研究的样本所处的行业不同，在不同的时间段内，国内学者对于套期保值是否可以提高中国上市企业价值也有着不同的结论。

结合以往研究，本书认为，国内外学者对于企业套期保值行为对企业价值影响方面之所以得出不同的结论，可能与以往研究中套期保值行为对企业价值影响的观察周期短、涉及行业单一有关。同时，不同学者对于不同行业的研究往往选择不同的经济周期，无法进行行业之间横向对比。同时本书认为，企业通过经营提升其内在价值是一个长期过程，所以一项经营行为对企业价值的研判也必须在一个较长的研究周期中进行。因此，选择一个相对较长的周期来研究我国企业使用衍生工具对企业价值的影响是科学合理准确的。

对于企业使用衍生工具是否可以降低企业所面临的风险，通过对以上国内外学者的研究进行比较和综合可以看出，无论是国外学者还是国内学者都没有一个确定、统一的观点和结论。特别是国内学者的相关研究，一方面没有对企业使用衍生工具的动机进行区分，默认将所有进行衍生工具投资的企业都认为是套期保值，与实际情况存在一定的差异；另一方面，相关研究主要是针对部分使用衍生工具较为频繁的典型行业进行，没有覆盖全部行业，样本量较小，其研究结果可能会受到行业差异的影响。另外，少数覆盖全行业的研究考察的期间也以短期为主。

在股价崩盘风险方面，国内外学者分别从有效市场假说和信息传递角度对企业股价崩盘的原因进行了研究，从已有的研究看，尚未有学者对企业使用衍生工具与企业股价崩盘风险之间的关系进行研究，这将是本书研究的一个重要创新点。

第3章

企业使用衍生工具套期保值研究的理论基础及分析框架

3.1 套期保值的相关理论分析

3.1.1 套期保值行为的六类假说

由于国内衍生金融工具的实践落后于西方成熟市场，国内学者对于企业套期保值动因的研究往往建立在西方学者已有的研究基础之上。基于西方成熟的衍生工具市场及其企业行为，西方学者在企业套期保值行为动因方面进行了大量研究，从总体上看，理论研究学者一般将目前已有的套期保值动因总结为六种假说：减少预期税收假说、降低财务危机成本假说、避免投资不足假说、规模假说、替代假说和内部治理假说。对于本书所研究的套期保值行为动因和套期保值深度，本书认为这六个假说都比较全面和深刻地揭示了企业套期保值行为产生的内在机制。相比西方学者在成熟市场实践基础上提出的理论，国内已有的文献对我国企业套期保值动因的分析和描述尚未形成科学体系，对于不同市场和不同行业的观点也不尽相同，因此本书在此汇总分析西方学者提出的六个假说，借此全面考察我国企业套期保值的内在动因、套保深度和企业价值的影响具体分析如下：

（1）减少预期税收假说

西方学者认为企业套期保值的一个重要动因是通过套期保值稳定企业经营，进而减少企业所面临的预期税收。企业使用衍生金融工具减少预期税收可以从两个方面进行分析和说明：

一是利用税收函数的凸性，减少企业价值波动。根据税收分析理论提出的观点，当企业面临法定的累进税率的情况下，企业面临的税收函数为凸函数。对于凸函数而言，解释变量的期望值低于被解释变量的期望值。因此，企业可以通过使用衍生工具进行套期保值降低企业税前价值的波动性，在其面临边际税率递增的情况下，其企业所要负担的税负要低于税前价值波动性较高的企业。根据 Smith 和 Stulz（1985）的研究，企业面临税负函数为凸函数有着坚实的理论基础，主要由于相关企业税法的累进所得税以及相关税收优惠的规定，企业的税负为企业税前价值的增函数，在此情况下，企业可以通过套期保值降低收入造成的经营性波动，从而降低税负。

二是由于企业通过进行套期保值可以有效提高其收入的稳定性，企业收入稳定性提高既可以减少企业的预期税负，又可以稳定经营降低企业破产的可能性，通过经营产生稳定的现金流吸引更多的债权人，提高企业的负债能力和资产负债率，产生税盾效应，根据修正的 MM 定理，这一行为可以使得企业利用负债的税收优势提升企业价值。

（2）降低财务危机成本假说

西方学者提出降低财务危机成本是企业套期保值行为的一个重要动因。公司的财务危机成本主要包括直接成本和间接成本，直接成本主要是企业财务危机发生时所产生的直接费用，而间接成本则主要包括企业陷入破产可能性对企业经营产生负面效应，如融资成本的提升，销售数额的下降等。Fehle（2009）等学者提出，对于确定的企业而言，在确定的时期企业承担还本付息的债务数额是一定的，如果在这一时期内，该企业收入波动越大，则其面临到期无力偿还债务本息进而陷入财务困境的可能性就越大，企业在这种考量下，其套期保值动因主要包含以下两个方面的因素：一方面企业使用套期保值工具可以有效降低收入波动进而提升企业价值，提高其债务再融资能力，降低财务危机；另一方面当企业负债率较高的情况下，企业所面临财务风险的直接成本和间接成本也越高，相比这些成本，企业使用套期保值工具降低其收入的波动性是一个更好地选择，通过稳定企业经营，从而减少企业因为收入波动陷入破产困境的可能性。总体而言，从这个角度看，企业更有动力进行套期保值，同时提升企业价值。

（3）避免投资不足假说

西方学者认为，当企业面临外部债务风险时，往往倾向于放弃一些投资机会，这些被放弃的投资机会往往可以提升企业价值，而在企业套期保值的情况下，企业能够避免放弃净现值为正的投资项目。与前文所述的两种企业套期保值动因相同，基于使用套期保值工具可以稳定企业的收入这样一个理论前提，根据 Carter（2003）等学者论述，如果企业面临的投资机会较多，企业会更倾向于采取相关经营管理措施，利用各类手段和工具稳定自己的现金流，以匹配自己的投资需求。如果企业不进行套期保值，企业将面临一个波动性较高的现金流，波动现金流的直接后果就是造成企业外部融资现金流的波动或者企业内部投资现金流的波动，在外部融资成本递增的情况下，内外部现金流的波动往往会导致公司错失良好的投资机会，与企业所能达到的最佳产出偏离。在这样的情况下，如果一个企业所拥有的投资机会越多，该企业使用衍生工具进行套期保值的动力就越大，其通过套期保值对企业价值的提升就越多。

（4）规模假说

西方学者认为企业规模的不同也是企业投资衍生金融工具进行套期保值的重要影响动因，但是对于这一因素对不同规模企业套期保值行为产生何种影响，不同的学者有不同的观点。其中一种观点是，企业规模越大，企业使用衍生工具进行套期保值的行为就越少。Warner 等（1977）、Smith 和 Stulz（1985）经过研究发现，企业规模越大，其破产成本就越高，破产成本高的企业套期保值动力反而会相对小一些，因此其得出结论，小企业更有动力进行套期保值，他们的支持者认为，小企业受到外部经营环境波动的冲击较大，相比大企业有着更加迫切的稳定经营需求，在信息不对称和外部融资成本较高的情况下，小企业持有衍生工具进行套期保值的意愿更加强烈。另一种观点认为，规模大的企业利用衍生工具进行套期保值行为越多。不少学者主张大企业在信息和交易成本上存在规模经济，规模大的企业参与套期保值的成本更低，同时更有动力和能力进行套期保值。

（5）替代假说

部分西方学者认为企业套期保值行为是企业现金流不足的替代，即现金流不足的企业更倾向于进行套期保值。Nance 等学者（1993）在相关研究中提出企业使用套期保值工具主要目的是稳定企业经营，减少企业陷入财务困境的概率，降低企业面临财务危机的直接成本和间接成本，部分西方学者从另一个角度提出了企业套期保值行为的动因，即与企业流动性互为替代，本书认为这一视角可以看作是降低财务危机成本的反面，与之在理论上形成了互补。其具体的分析逻辑是当企业持有大量的流动资产时，企业能够从容应对各类到期债务的还本付息压力，能够把握企业所面临的各类内外部投资机会，企业陷入财务困境的可能性就低，企业投资不足的压力也较弱，这时企业套期保值的动力就会减弱。如果从企业内部财务指标上升，企业的流动比率和现金比率越高，企业的流动性越好，其越缺乏动力进行套期保值，企业拥有的良好的现金流是使用衍生工具进行风险对冲和套期保值行为的替代。

（6）内部治理假说

除了以上五种假说以外，不少西方学者从企业内部治理机制包括机构投资者持股、管理层激励、股权集中度等方面对企业套期保值行为进行了分析研究。Geczy 等（1997）、Graharm 和 Rogers（2002）通过对机构投资者持有企业股票份额来研究企业信息披露的透明度，相关学者的分析逻辑主要是基于机构投资者受到各类监管更多，监管要求更为严格，信息披露水平的要求更高，因此机构投资者持股可以显著降低企业的信息不对称性，降低企业使用衍生工具的需求。因此，机构投资者持股越多的企业使用衍生工具进行套期保值的行为就越少。同时，Tufano（1996）和 Ugur（2006）在研究中提出管理层是利己的，自利的管理层持股会增加企业套期保值动力，利己的持股管理层会不断拉升企业股价，提高企业的市值，并在研究中以管理层持有的期权数额作为代理变量，分析管理层风险厌恶对套期保值决策的影响形式和程度；Geczy 等将管理层持有期权所能获取的股票市值对数作为代理变量对同样一个问题进行了研究。因此，西方学者根据其研究认为企业套期保值行为会受到管理层风险偏好的利己动机的影响。除此之外，部分学者在研究中也提出，当企业的股权集中度高时，大股东出于稳定经营的考虑，会要求管理层通过使用套期保值工具稳定企业经营。

3.1.2　套期保值对企业价值影响的相关理论

根据第 2 章所述，国内外学者对于企业套期保值行为对企业价值有无影响的研究之所以存在不同的结论，本书认为这与以往研究的观察周期短、涉及行业较为单一有关。同时，本书发现不同学者对于不同行业的研究往往选择不同的经济周期，无法进行行业对比。实际上，企业通过经营行为提升企业价值是一个长期过程，一项经营行为对企业价值是否会产生影响的研判也必须在一个较长的经济周期中来进行。在企业行为对企业价值影响的相关研究方面，MM 定理突破了传统财务分析框架，在严格的假设条件前提下，提出了企业融资方式对企业价值不产生任何影响，这就意味着在一定条件下，企业的行为对企业价值不会产生影响，这一理论由此成为企业现代资本结构理论的基石，也是很多西方学者提出企业使用衍生金融工具进行套期保值行为理论的基础。

该定理是在 1958 年由 Modigliani 和 Miller 在其共同发表的 *The Cost of Capital*, *Corporation Finance and the Theory of Investment* 一文中提出，该定理通常表述为：在完美市场的假设情况下，公司价值与其资本机构无关，企业价值仅由其预期收益的现值决定。该定理的成立有严格的假设条件，要求市场为完全市场，各类市场参与主体都可以获得对称信息；要求市场不存在交易成本；要求市场参与者为理性经济人，其目标都是追求效用最大化且有一致性预期；要求所有证券无限可分，企业永续经营；要求不存在企业所得税，个人和企业都可以以无风险利率进行无限制借贷。可以看出以上假设条件非常严格，同时不符合企业经营实际，随后在 1963 年和 1976 年，两位学者根据实际情况放松了假设限制，分别提出了考虑公司所得税的MM模型和个人所得税的米勒模型，这两个理论肯定了企业负债的作用，认为企业负债比率的提高可以相应提高企业价值。在MM定理的基础上，很多西方学者从各自不同的角度放宽研究假设条件，提出相应的理论去研究企业使用衍生工具进行套期保值的内在机制，分析企业套期保值行为对企业价值的影响效果。具体而言，西方学者认为套期保值可以从税收因素、降低财务危机成本、帮助企业获得投资机会等几个方面提高企业价值：

（1）税收的预期

税收分析理论认为，企业使用衍生工具进行套期保值可以减少企业税负，提升企业价值。具体而言，企业使用套期保值工具能否提升企业价值取决于企业所面临的税负函数，当企业所面临的税负函数是凸函数时，由于税盾效应的存在，企业可以有效提高其收入的稳定性，而企业收入越稳定，越能减少企业的预期税负，越能吸引更多的债权人，越能提高企业的资产负债率，在税盾效应存在的情况下，企业的价值就会增加。

（2）降低财务困境成本

财务困境理论认为在资产负债率一定的情况下，企业承担确定的还本付息额，企业收入波动越大则企业面临无法还本付息进而陷入财务困境的可能性就越大，企业在这种考量下，使用套期保值工具可以有效降低收入波动进而提升企业价值，减少企业因为收入波动陷入破产困境的可能性。

（3）降低融资成本避免投资不足

避免投资不足假说认为，企业外部融资成本不同于企业的内源性融资成本，当企业收入波动较大不能匹配企业的投资机会时，企业不得不放弃可得的投资机会，若企业使用衍生工具套期保值，则可以稳定企业的收入，从而更好地利用相对外部融资成本更具优势的内源性融资来把握投资机会，从而增加企业价值。

3.1.3　套期保值对企业风险影响的相关理论

（1）现代资产组合理论（MPT）

现代资产组合理论由Markowitz在1952年提出，该理论目的是回答如何在既定的风险获得更高的收益，或者在既定的收益承担最小的风险。该理论将市场上的各类证券视为一个投资组合，达到目的的方法就是在持有的投资组合中纳入具有较小甚至是负相关系数的资产组合。该理论的相关假设有：投资者根据期望收益和方差做出决策，风险厌恶；所有投资者具有一致风险偏好，追求一定风险的最大收益；投资者具有一致预期，并具有相同的单期投资区间。

该理论将与证券投资相关的风险称为总风险，同时将总风险分为系统性风险和非系统性风险两类。其中，系统性风险指的是整个市场都需要承担的风险，这类风险与整个市场的情况密切相关，是不可以通过分散投资降低的风险，这类风险主要包括政策风险、利率风险、经济周期波动风险等。非系统性风险是指企业和证券特有的风险，这类风险来源独立，与整个市场的波动无关，可以通过分散投资进行风险分散，这类风险包括经营风险、信用风险、财务风险等企业特有风险。

企业投资衍生金融工具的行为可以看作是分散化投资行为，这一行为对企业的系统性风险和非系统性风险都会产生一定的影响。

（2）衍生工具提升企业信息透明度

企业信息透明度受多种因素的影响，部分国内外学者通过研究发现企业使用衍生金融工具进套期保值可以提升企业信息透明度。部分西方学者如DeMarzo（1995），Breeden和Vishwanathan（1998），Meftehwali S（2005）等学者认为，上市公司可以通过套期保值等行为进行风险对冲，从而可以降低传递企业管理层能力的信号中的“噪音”，提升信息传递的有效性，增强投资者对管理层创造价值能力的认识，减少投资者过度自信、信息获取成本、投资者间的异质信念以及管理层隐瞒的不利信息数量，因此套期保值行为可以降低信息不对称，提高企业信息透明度。国内也有少量学者进行了这方面的研究。邱琼、顾晓安等（2016）通过研究发现，如果企业进行套期保值等行为，可以有效地提高企业的财务风险管理水平，可以更好地帮助财务报表使用者在使用衍生工具时对企业财务风险作出更为准确的判断。

3.2 我国上市企业使用衍生工具现状分析

相比西方市场，中国企业使用衍生工具套期保值的时间还较短，最早始于 1973 年中国粮油购买 47 万吨原糖期货，至今不过 40 多年。从中国衍生工具市场发展的过程看，也经历了不少曲折。我国衍生工具市场从建立至今的发展历程可以分三个主要的发展阶段，首先是从 20 世纪 80 年代开始，一直到 1990 年郑州粮食批发市场开业并逐渐设立期货交易机制，这一阶段是中国衍生工具市场的起步阶段；从 1993 年到 1999 年，政府连续发布了《关于制止期货市场盲目发展的通知》《国务院关于进一步整顿和规范期货市场的通知》，这是中国衍生工具市场的整顿阶段；进入 21 世纪，伴随着《期货交易管理暂行条例》，中国衍生工具市场进入了快速发展阶段，这一阶段一直持续至今；在第三个阶段中，市场发展稳中有进，期货市场、银行间市场中的衍生工具品种不断丰富，期货种类不断推陈出新，同时债券远期、利率互换、外汇掉期等各类金融工具不断出现，各类工具的市场交易量随着经济的发展不断提高，市场管理和交易制度逐步完善。

在我国衍生工具市场不断规范发展的过程中，不少学者对于国内企业衍生工具的使用现状进行了研究，虽然相关研究多数集中在金融危机之前或者金融危机爆发之时，但是这些学者的研究还是体现了中国企业使用衍生工具进行套期保值的特点和发展趋势。陈炜、王弢（2006）

以沪深两市 1380 多个 A 股上市企业为样本，对我国企业参与衍生工具投资的情况进行了初步的分析和研究；沈群（2007）通过比较，分析了国内企业使用衍生工具情况与西方成熟市场上的同类企业之间的异同；郭飞、徐燕（2010）以沪深 300 指数企业披露的 2008 年度报告为样本，分析了金融危机爆发前主要上市企业对衍生工具的投资情况；窦登奎、卢永真（2010）则以 A 股上市企业 2007 年到 2009 年三年之间披露的年度报告数据，研究了企业使用衍生工具的情况。张敏（2016）认为，目前国内衍生工具市场仍然存在市场化建设不足，现货市场规模不匹配，产品设计不合理，市场缺少真正的均衡价格等问题。综合国内学者的相关研究，国内企业使用衍生工具具有以下特点：

（1）使用衍生工具的企业数量相对较低

陈炜、王弢（2006）经过研究发现，深沪两市 1380 多家国内 A 股上市企业中，只有少数企业使用衍生工具进行风险管理。根据两位学者研究，在 1380 家样本企业中，只有 30 家上市企业在其 2004 的年度报告和 2005 年的中期报告中披露了使用衍生工具套期保值的情况，这一比例相对较低。沈群（2007）研究表明，中国期货市场投资主体结构不合理，进入该市场的机构投资者很少，企业法人进入市场套期保值的数量也不多。据 2004 年列入全国期货经纪企业前三名的一家企业统计，2003 年年底和 2004 年年底的法人客户数量分别为 134 个和 16 个。窦登奎、卢永真（2010）以“衍生套期保值”“对冲”“套利”远期”“期货”“掉期”“期权”“互换”“CDO”“CDS”“NDF”等作为运用衍生工具的关键词，对所有上市企业年度报告进行检索，结果发现我国 A 股上市企业中，有 71 家非金融企业在 2007 年的年度报告中披露确认运用衍生工具套期保值或投机套利，这一数量在 2008 年增加到 107 家，并在 2009 年达到了 123 家，从整体上看，企业运用衍生工具的数量在稳步上升，更多企业运用衍生工具是一个明显趋势。

（2）使用衍生工具的行业分布较为集中

陈炜、王弢（2006）对进行套期保值的上市企业进行了行业分类研究，发现主要集中在以下几个行业（按证监会二级行业分类法）：①金属、非金属行业；②能源、材料和机械电子设备批发业；③机械、设备、仪表；④食品、饮料；⑤农业；⑥电力、蒸汽、热水的生产和供应业；⑦商业经纪与代理业；⑧其他制造业。其中最主要的是金属、非金属行业中的有色金属加工或生产企业，共有中金岭南等 14 家企业使用衍生工具，其他行业只有少数企业参与。郭飞、徐燕（2010）的研究发现，制造业、原材料和能源行业，使用衍生工具的相对较多。

（3）使用衍生工具管理风险的种类较少

郭飞、徐燕（2010）对房地产、制造业等企业进行了分析，发现制造业、原材料和能源行业从事套期保值投资的企业占比较大，企业通过套期保值所要对冲的是利率风险、汇率风险和商品风险。两位学者通过对 276 家企业进行调研，发现其中参与套期保值的共有 61 家企业，在这 61 家企业中，16 家企业对冲了利率风险，其中包含 10 家制造业企业；39 家企业对冲了汇率风险，其中包含 13 家制造业企业、6 家原材料企业和 6 家能源企业；29 家企业对冲了商品风险，其中包含了 8 家制造业企业、15 家原材料企业（以上数据中，部分企业通过套期保值对冲两个或以上风险）。

（4）企业套期保值使用衍生工具的种类较少

根据郭飞、徐燕（2010）的研究，参与衍生工具投资的上市企业主要是为了对冲汇率风险和商品价格风险，其中对冲汇率风险的工具主要是利用互换协议，对冲商品价格风险主要是利用期货和期权。窦登奎、卢永真（2010）也对此做了相关研究，发现国内企业更加倾向于使用远期合约、期货合约这两种衍生工具，这两种衍生工具在企业投资的衍生工具总量中占比超过 2/3。从工具的种类来看，商品期货合约和外汇远期合约在所有企业选择的套期保值工具中占比最大。除此之外，包括掉期、可转债等相对复杂的衍生工具应用相对较少。

（5）企业使用衍生工具交易目的未进行区分

不少学者认为衍生工具的使用对企业经营有着正反两个方面的影

响，随着中国衍生工具种类的不断完善，从客观来看，A股上市企业中既有企业使用衍生工具进行套期保值，也有企业使用衍生工具谋取高额收益，同一个企业在不同的年份也可能改变原有经营策略进行投机套利或者套期保值。因此，对中国企业参与衍生工具交易的目的区分是进行研究的第一步，只有准确判断企业使用衍生工具究竟是为了套期保值对冲风险，还是利用杠杆投机获取高额利润，才能准确区分和深入研究套期保值动因和经济后果。本书认为，企业参与衍生工具投机，目的是利用衍生工具高杠杆属性追求高额收益，其行为实质是主动放大了风险，与套期保值的定义和动机不符，如果对使用衍生工具的企业未加区分进行统一研究，最终的分析结果可能会因为受到投机套利企业经营数据“噪音”的影响而失真，无法得出科学合理的结论。

3.3　本书的分析框架

本书综合汇总已有的各类研究视角，在收集统计第一手企业使用衍生工具数据的基础上，以中国上市公司衍生工具投资客观现状作为分析的切入点，将企业套期保值行为识别、套期保值动因、套期保值内在影响、套期保值外在效果进行了环环相扣的分析，形成了“行为鉴别—动因研究—影响分析”的分析框架，在经验数据的基础上，全面展示了中国上市公司套期保值行为的宏观图景。为了进一步对照说明问题，本书参照对套期保值企业的研究方法，对投机套利企业也进行了同样的研究，分析了其行为动因和对企业经营的影响，通过对照相互印证，提高了研究逻辑的完整性和研究结论的科学性和可比性。

本书的分析框架如图3.1所示。第一，基于2006年2月15日，财政部印发的《企业会计准则第22号——金融工具确认和计量》《企业会计准则第23号——金融资产转移》《企业会计准则第24号——套期保值》以及《企业会计准则第 37 号——金融工具列报》中对衍生工具使用目的的披露、确认和计量作为判断依据。在现有文献研究基础上结合企业实际披露情况，总结性提出了企业使用衍生工具分类的方法步骤，以巨潮网披露的 2007 年至 2016 年 A 股上市公司披露的近三万份年度报告作为基础材料，通过逐份人工筛选和识别的方式，对使用衍生工具的企业相关数据进行手动摘录，这些数据在本书的研究分析中是企业套期保值的关键变量，通过直接摘取以及根据年度报告数据计算，对相关衍生工具使用情况的指标进行分析整理并建立形成企业使用衍生工具数据库。第二，对使用衍生工具进行套期保值和投机套利的企业进行区分，分别形成套期保值企业研究样本和投机套利企业研究样本。据此进行后续的研究，这也是目前国内相关研究所欠缺的环节。第三，将得到的套期保值企业样本和企业作为研究对象，汇总已有的学者研究提出假设，参照相关研究方法选择回归变量，分析企业套期保值行为的决定因子和套期保值深度的决定因子。第四，仍然以套期保值企业作为研究样本，分别以虚拟变量及套期保持深度变量分两个层次研究套期保值对企业价值、风险和股价崩盘风险的影响。第五，参照企业套期保值行为决定因素、对企业价值、风险和股价崩盘风险影响的研究方法，对投机套利企业进行探索性实证研究，对照研究企业投机套利行为的决定因素和对企业价值、风险和股价崩盘风险的影响。

3.4 套期保值与投机套利的分类

3.4.1 投机套利衍生工具的确认和计量

2006 年 2 月 15 日，我国财政部印发了《企业会计准则第 1 号——

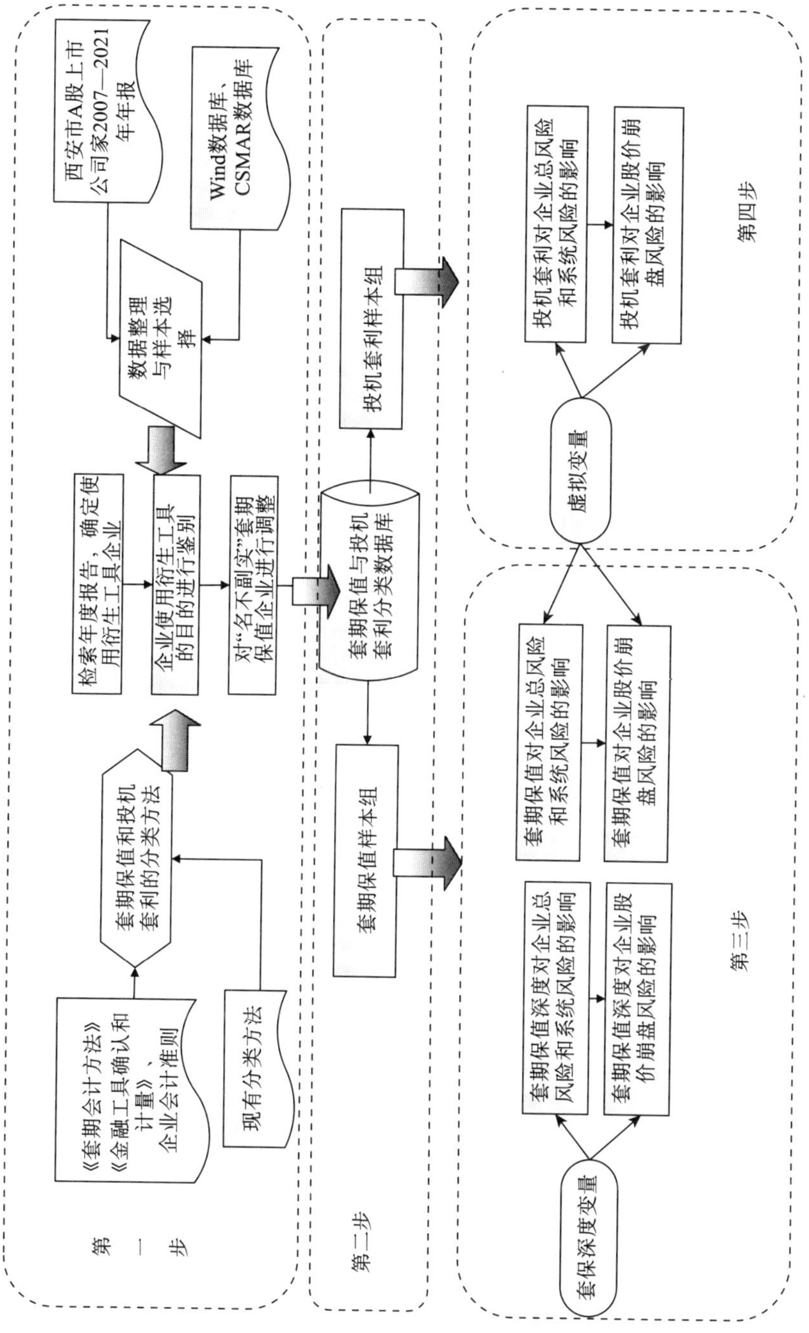
西安市A股上市公司家2007—2021年年报
Wind数据库、CSMAR数据库
数据整理与样本选择
检索年度报告，确定使用衍生工具企业
企业使用衍生工具的目的进行鉴别
对"名不副实"套期保值企业进行调整
套期保值和投机套利的分类方法
《套期会计方法》《金融工具确认和计量》、企业会计准则
现有分类方法
第一步
套期保值与投机套利分类数据库
投机套利样本组
套期保值样本组
第二步
投机套利对企业总风险和系统风险的影响
投机套利对企业股价崩盘风险的影响
虚拟变量
第四步
套期保值对企业总风险和系统风险的影响
套期保值对企业股价崩盘风险的影响
套期保值深度对企业总风险和系统风险的影响
套期保值深度对企业股价崩盘风险的影响
套保深度变量
第三步

图 3.1　分析框架图

存货》等38项具体准则，虽然财政部对企业会计系列准则的部分内容进行了更新，但考虑到本书的研究区间为2007—2015年，本书依然以旧的2006年版本的《企业会计准则第22号——金融工具确认和计量》《企业会计准则第23号——金融资产转移》《企业会计准则第24号——套期保值》以及《企业会计准则第37号——金融工具列报》中对衍生工具使用目的的披露、确认和计量作为判断依据。

（1）投机套利衍生工具的初始确认与计量

根据《企业会计准则第22号——金融工具确认和计量》相关条款内容，投机套利衍生工具应该在初始发生时确认为交易性金融资产或交易性金融负债，并以公允价值计量。

第七条规定：金融资产应当在初始确认时划分为下列四类：①以公允价值计量且其变动计入当期损益的金融资产，包括易性金融资产和指定为以公允价值计量且其变动计入当期损益的金融资产；②持有至到期投资；③贷款和应收款项；④可供出售金融资产。

第九条规定：金融资产或金融负债满足下列条件之一的，应当划分为交易性金融资产或金融负债：①取得该金融资产或承担该金融负债的目的，主要是为了近期内出售或回购。②属于进行集中管理的可辨认金融工具组合的一部分，且有客观证据表明企业近期采用短期获利方式对该组合进行管理。③属于衍生工具。但是，被指定且为有效套期工具的衍生工具、属于财务担保合同的衍生工具、与在活跃市场中没有报价且其公允价值不能可靠计量的权益工具投资挂钩并须通过交付该权益工具结算的衍生工具除外。

第二十四条规定：企业成为金融工具合同的一方时，应当确认一项金融资产或金融负债。

第三十条规定：企业初始确认金融资产或金融负债，应当按照公允价值计量。对于以公允价值计量且其变动计入当期损益的金融资产或金融负债，相关交易费用应当直接计入当期损益；对于其他类别的金融资产或金融负债，相关交易费用应当计入初始确认金额。

根据以上规定，我们可以对企业披露的财务报表进行分析，在观察的2007—2018年，企业用于投机套利的衍生工具借记或者贷记“交易性金融资产”或“交易性金融负债”科目。当然，这并不意味着所有企业财务表中的“交易性金融资产”和“交易性金融负债”都是企业用于投机套利的衍生工具，我们需要进一步地分析和鉴别。

（2）公允价值变动及衍生工具交割时的确认

根据财政部《企业会计准则第22号——金融工具确认和计量》有如下规定：

第二十八条规定：金融负债全部或部分终止确认的，企业应当将终止确认部分的账面价值与支付的对价（包括转出的非现金资产或承担的新金融负债）之间的差额，计入当期损益。

第三十八条规定：金融资产或金融负债公允价值变动形成的利得或损失，除与套期保值有关外，应当按照下列规定处理：①以公允价值计量且其变动计入当期损益的金融资产或金融负债公允价值变动形成的利得或损失，应当计入当期损益。②可供出售金融资产公允价值变动形成的利得或损失，除减值损失和外币货币性金融资产形成的汇兑差额外，应当直接计入所有者权益，在该金融资产终止确认时转出，计入当期损益。可供出售外币货币性金融资产形成的汇兑差额，应当计入当期损益。采用实际利率法计算的可供出售金融资产的利息，应当计入当期损益；可供出售权益工具投资的现金股利，应当在被投资单位宣告发放股利时计入当期损益。与套期保值有关的金融资产或金融负债公允价值变动形成的利得或损失的处理，适用《企业会计准则第24号——套期保值》。

根据以上规定可以推定，投机套利衍生工具公允价值变动损益与交割衍生工具损益都应计入当期损益。

3.4.2　套期保值衍生工具的确认和计量

根据财政部《企业会计准则第24号——套期保值》相关规定，本书通过对套期保值工具进行分类，识别工具与被套期保值项目关系，确认与计量等步骤辨识企业套期保值工具的使用情况。

（1）企业套期保值的种类

对照新的《企业会计准则第 24 号——套期保值》规定，财政部对企业套期保值的分类并没有新的变化，第三条规定依然是分为公允价值套期、现金流量套期和境外经营净投资套期三类，具体定义如下：

公允价值套期，是指对已确认资产或负债、尚未确认的确定承诺，或该资产或负债、尚未确认的确定承诺中可辨认部分的公允价值变动风险进行的套期。该类价值变动源于某类特定风险，且将影响企业的损益。

现金流量套期，是指对现金流量变动风险进行的套期。该类现金流量变动源于与已确认资产或负债、很可能发生的预期交易有关的某类特定风险，且将影响企业的损益。

境外经营净投资套期，是指对境外经营净投资外汇风险进行的套期。境外经营净投资，是指企业在境外经营净资产中的权益份额。

在上述定义之外，同时规定只有满足《企业会计准则第 24 号——套期保值》第四章条件的套期，企业方可运用套期会计方法进行处理。

（2）套期保值工具与套期保值项目

《企业会计准则第 24 号——套期保值》第五条规定：套期工具是指企业为进行套期而指定的、其公允价值或现金流量变动预期可抵销被套期项目的公允价值或现金流量变动的衍生工具，对外汇风险进行套期还可以将非衍生金融资产或非衍生金融负债作为套期工具。

《企业会计准则第 24 号——套期保值》第九条规定：被套期项目是指使企业面临公允价值或现金流量变动风险，且被指定为被套期对象的下列项目：①单项已确认资产、负债、确定承诺、很可能发生的预期交易，或境外经营净投资；②一组具有类似风险特征的已确认资产、负债、确定承诺、很可能发生的预期交易，或境外经营净投资；③分担同一被套期利率风险的金融资产或金融负债组合的一部分（仅适用于利率风险公允价值组合套期)。确定承诺，是指在未来某特定日期或期间，以约定价格交换特定数量资源、具有法律约束力的协议。预期交易，是指尚未承诺但预期会发生的交易。

（3）套期保值辨识和计量的条件

《企业会计准则第 24 号——套期保值》第十七条规定：公允价值套期、现金流量套期或境外经营净投资套期同时满足下列条件的，才能运用本准则规定的套期会计方法进行处理：①在套期开始时，企业对套期关系（即套期工具和被套期项目之间的关系）有正式指定，并准备了关于套期关系、风险管理目标和套期策略的正式书面文件。该文件至少载明了套期工具、被套期项目、被套期风险的性质以及套期有效性评价方法等内容。套期必须与具体可辨认并被指定的风险有关，且最终影响企业的损益。②该套期预期高度有效，且符合企业最初为该套期关系所确定的风险管理策略。③对预期交易的现金流量套期，预期交易应当很可能发生，且必须使企业面临最终将影响损益的现金流量变动风险。④套期有效性能够可靠地计量。⑤企业应当持续地对套期有效性进行评价，并确保该套期在套期关系被指定的会计期间内高度有效。

对于以上准则的第二点高度有效，2006 版的《企业会计准则第 24 号——套期保值》第十八条做出了相应的规定：套期同时满足下列条件的，企业应当认定其为高度有效：①在套期开始及以后期间，该套期预期会高度有效地抵销套期指定期间被套期风险引起的公允价值或现金流量变动；②该套期的实际抵销结果在 80% 至 125% 的范围内。

而在 2017 年版的《企业会计准则第 24 号——套期保值》中说明，取消了 2006 版准则中 80%—125% 的套期高度有效性量化指标及回顾性评估要求，代之以定性的套期有效性要求，更加注重预期有效性评估。其中规定，套期有效性是指套期工具的公允价值或现金流量变动能够抵销被套期风险引起的被套期项目公允价值或现金流量变动的程度。套期工具的公允价值或现金流量变动大于或小于被套期项目的公允价值或现金流量变动的部分为套期无效部分。

（4）套期保值的确认和计量

按照《企业会计准则》规定，在经过一系列会计判断，项目符合套期保值条件之后，可参照如下的方法对套期保值工具进行确认和计量。

①衍生工具交易的初始计量。当企业作为市场参与者开展交易时，企业出于套期保值目的而持有的衍生工具会被确认为一项金融资产或者金融负债，在其会计分录中会继续细分，在资产端记录为“流动资产”或者“其他资产”项下的“套期工具”，在负债端记录为“流动负债”或者“其他负债”项下的“套期工具”。

②衍生工具公允价值变动的计量。当企业持有衍生工具头寸进行套期保值时，衍生工具的价值会随着实际交易情况不断波动，对于公允价值套期而言，2006 年版《企业会计准则第 24 号——套期保值》第二十一条规定：

A. 套期工具为衍生工具的，套期工具公允价值变动形成的利得或损失应当计入当期损益；套期工具为非衍生工具的，套期工具账面价值因汇率变动形成的利得或损失应当计入当期损益。B. 被套期项目因被套期风险形成的利得或损失应当计入当期损益，同时调整被套期项目的账面价值。被套期项目为按成本与可变现净值孰低进行后续计量的存货、按摊余成本进行后续计量的金融资产或可供出售金融资产的，也应当按此规定处理。

如果企业套期是现金流量套期，2006 年版《企业会计准则第 24 号——套期保值》第二十七条规定：

a. 套期工具利得或损失中属于有效套期的部分，应当直接确认为所有者权益，并单列项目反映。该有效套期部分的金额，按照下列两项的绝对额中较低者确定：①套期工具自套期开始的累计利得或损失；②被套期项目自套期开始的预计未来现金流量现值的累计变动额。

b. 套期工具利得或损失中属于无效套期的部分（即扣除直接确认为所有者权益后的其他利得或损失），应当计入当期损益。

c. 在风险管理策略的正式书面文件中，载明了在评价套期有效性时将排除套期工具的某部分利得或损失或相关现金流量影响的，被排除的该部分利得或损失的处理适用《企业会计准则第 22 号——金融工具确认和计量》。对确定承诺的外汇风险进行的套期，企业可以作为现金流量套期或公允价值套期处理。

以上对 2006 年版企业会计准则相关规定的分析奠定了本书对企业使用衍生工具目的甄别方法的基础，后续本书将通过收集 A 股上市企业 2007—2016 年间的年度报告报数据，统计相关上市企业使用衍生工具的基本信息，并进一步计算和分析各企业历年使用衍生工具的盈亏情况。

3.4.3　分类方法

具体而言，衍生工具套期保值与投机套利之间存在以下几点区别：

第一，企业套期保值和投机套利的交易目的不同，企业使用衍生工具套期保值是为了有效应对企业经营的外部环境变化带来的风险，其根本目的是锁定利润和控制风险，而使用衍生工具进行投机套利则是为了利用衍生工具交易的部分保证金制度获得超额利润。

第二，企业套期保值和投机套利承受的风险不同，套期保值企业只需要牺牲小部分利润为代价，通过同时持有衍生工具和所对应的基础资产锁定风险敞口，从整体上看其实是降低了企业所面临的风险；而使用衍生工具进行投机套利持有的衍生工具并不对应企业持有的基础资产，仅通过单方面的持有衍生工具谋取收益，企业将面临更大的风险波动，从根本上看，投机套利行为往往放大了企业所面临的风险。

第三，企业套期保值和投机套利的操作方法不同，企业使用衍生工具进行套期保值，其投资的衍生工具头寸需要根据现货头寸来制定，套期保值的头寸与现货头寸操作方向相反，种类和数量相同或相似，月份相同或相近；而企业使用衍生工具投机套利则根据对趋势的判断来进行交易。

为了从企业披露的信息中进行准确判断，首先要确定企业使用衍生工具套期保值和投机套利的甄别方法。根据市场的具体情况，国内外学者在研究中总结了多种区分企业套期保值和投机套利的方法。

Geczy、Minton 和 Schrand（1997）利用多元线性回归模型对企业使用衍生工具的性质做出了区分，该模型核心在于对企业规模和财务困境等关键指标回归结果系数的判定，如果企业规模和财务困境的系数都大于零，则意味着企业在进行投机套利，如果这两者的系数小于零，则意味着企业在进行套期保值。

部分学者如 Hentschel 和 Kothair（2001），Adam 和 Fernando（2008）分别从企业持有衍生工具头寸的存量和增量进行区分判断。第一种观察方式关注企业持衍生工具的存量，学者提出如果企业持有的衍生工具头寸刚好能够抵消基础资产的风险敞口，则持有衍生工具的行为是套期保值，否则为投机套利；第二种观察方式是通过观察企业持有衍生工具头寸的增量来进行判断，如果在衍生工具价格变动时，企业管理者相应调整企业所持有的头寸，同时头寸的变化量大于企业所需对冲风险敞口的情况下，这一行为就是投机套利，否则就是套期保值。

Hentschel 和 Kothair（2001）也根据套期保值定义的实质提出了另外一种判定方法，即如果企业持有衍生工具的结果是降低了企业收益的波动性，则该持有行为是套期保值，如果企业收益波动性由于持有衍生工具放大了，则该行为则是投机套利。

张倩、冯芸（2014）通过对沪深 A 股上市企业年度报告和财务数据分析，建立了使用商品期货进行套期保值的企业数据库，根据套期保值对象的种类，分别通过判断企业在商品期货、现货市场的盈亏情况，判断企业套期保值方向，结合企业套期保值对象和企业实际的套期保值方向，对企业衍生工具投资进行套期保值或者投机套利的判断。

张倩、冯芸（2014）通过对沪深两市 2013 年已上市的 2300 余家 A 股上市企业进行研究，通过对其 2004—2013 年间的财务报告和财务数据进行分析，发现其中有 21 家企业披露了通过期货交易行为，其中 25

家企业10年来一直坚持做套期保值，11家企业参与期货投资的目标仅仅是为了投机，而剩余的65家企业在观察期间既参加过套期保值，也参与过衍生工具投机，从总体上看，参与过衍生工具投机的企业占整个样本的68%。

本书总结了各位学者的分类方法，依据3.4.1部分及3.4.2部分会计处理和计量方法，本书的分类步骤如下：

第一步，检索年度报告，确定使用衍生工具企业。

参照以往学者的研究方法，作者从巨潮网检索全部A股上市企业2007—2016年间的近三万份年度报告，并通过逐份手动搜索“套期保值”“衍生”“远期”“互换”“期货”“期权”“CDO”“CDS ”“NDF”等衍生工具种类关键词来进行初步筛选，来确定企业是否有进行衍生工具投资行为。

第二步，在第一步的基础上，通过以下两个方面对企业使用衍生工具的目的进行鉴别。

①根据企业年度报告的财务报表会计分录进行分析。如果企业将持有的衍生工具在会计处理的时候，计入“流动资产/负债”“其他资产/负债”或者“套期工具”项下，则表示这些项下的衍生工具都是用于稳定企业经营套期保值。如果企业将持有的衍生金融资产在会计处理的时候，计入了“交易性金融资产/负债”或“衍生金融资产/负债”项下，需要结合企业年度报告中的其他信息进一步区分为投机套利或者套期保值失效。

②利用年度报告其他信息辅助区别投机套利和套期保值失效。根据年度报告中财务报表附注等相关辅助信息确定企业是否为投机套利，如果在财务报告中企业有可以置信的充足理由表明企业持有的记录在“交易性金融资产/负债”或“衍生金融资产/负债”项下的衍生工具是以套期保值为目标，则将其确定为套期保值。此外，无论是对于声明通过持有衍生工具投资获利的，还是未能证明其持有衍生工具是进行套期保值的，本书一律将其归为投机套利企业。

第三步，经过前两个方面的筛选后，已经将全部目标企业区分为三种企业：未进行衍生工具投资的企业、套期保值企业和投机套利企业。对于其中的套期保值企业，由于前面的步骤仅仅是通过判定其会计分录就得出了结论，尚需要对是否有企业“名不副实”的错误会计分录进行判定，应进一步分析，将投机套利错误当做套期保值的企业进行调整。具体的判定方法是根据套期保值的定义出发，参照张倩、冯芸（2014）所使用的方法，通过分析企业基础资产的种类和企业持有衍生工具的种类、套期保值方向和市场情况，对实际沦为投机套利的企业进行调整。

套期保值的效果评价应该基于以下几个原则：第一，套期保值效果的评价对象必须是衍生工具投资损益和基础资产损益加总之后的总损益；第二，对于套期保值有效性的评价应该以企业套期保值目标是否实现为最高标准，如果企业持有衍生工具顺利实现了持有时决策动机，则表明企业套期保值成功；第三，企业对未来各类产品、工具走势的判断是套期保值决策的重要依据，但是不能以企业对未来判断的准确与否来确定套期保值的有效性。在以上原则的指导下，我们将 A 股上市企业通过持有衍生工具进行套期保值或者投机套利可以分文以下四种情况：

①高度有效套期保值企业。参照 2006 版《企业会计准则第 24 号——套期保值》第十八条的规定，如果该套期的实际抵销结果在 80% 至 125% 的范围内，就认为该套期保值为高度有效套期保值。这类企业在年度报告中往往都会按照会计准则进行明确披露，也会将使用的衍生工具、基础资产、目标风险、有效性评价等进行详细披露。

②非高度有效套期保值企业。对照高度有效套期保值的定义，本书非高度有效套期保值仍然归为套期保值一类，只是根据套期结果上看很难称得上是成功的套期保值，企业往往还是以套期保值为目的，披露了被套期项目和面临的各类风险，但是实际的抵消效果不在 80%—125%。

③既套期保值又投机套利企业。这类企业往往持有多种衍生工具，在目标套期保值项目之外，持有另外一种衍生工具进行投机套利；或者

虽然仅仅持有一种衍生工具，但是同时进行套期保值和投机套利，在本书中我们把这类企业归为投机套利企业。

④纯投机套利企业。这类企业没有对应的基础资产和套期保值项目，其持有衍生工具的目的就是为了通过预判市场走势，利用衍生工具的杠杆属性获得经济利益。当然也有企业本来的目的是套期保值，但是经过本书进一步分析，按照企业实际使用衍生工具产生的效果，将其归为投机套利。

3.4.4　分类结果

（1）衍生工具类型分类

一般而言，远期合约、期货合约、期权合约和互换交易是目前发展较为成熟的四种基本衍生工具，是复杂金融工具的构建基础，从根本上来看更为复杂的衍生工具都是这些基本工具的技术性组合，从西方成熟市场的经验来看，由于衍生工具的复杂性，交易的专业性，企业在日常经营中使用最多的还是这四种基本工具，本书通过对 2007—2016 年间上市公司年度报告的逐一检索，也表明了西方经验在我国市场也同样成立。

从理论上看，企业使用衍生工具所要对冲的风险包括商品价格风险、汇率风险、利率风险和股票价格风险，本书在对年度报告检索和统计过程中，发现使用衍生工具的 A 股上市企业主要关注的还是汇率风险和商品风险，在工具的选择方面更加倾向使用商品期货合约和外汇远期合约，而且随着时间的推移，同时使用期货合约和远期合约等多种工具的企业数量也在逐步增加，究其原因，这与我国出口导向的经济特征有着不可分割的关系。通过对 2007—2016 年 A 股上市公司年度报告进行分析，企业使用套期保值工具情况如图 3.2 和表 3.1 所示。

从表 3.1 可以看出，期货合约和远期合约是企业使用的最主要的两种工具，互换和其他衍生工具（包括期权、掉期等工具）相对期货和远期合约风险定价相对复杂，使用企业较少。

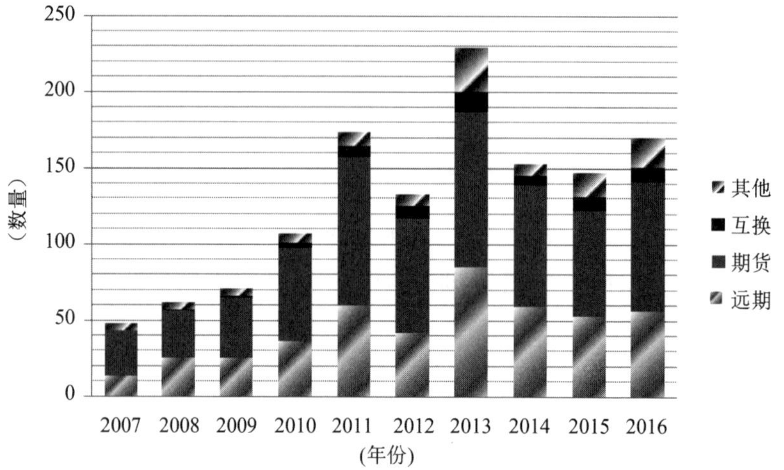

图 3.2　2007—2016 年 A 股上市企业使用衍生工具种类情况

表 3.1　　2007—2016 年 A 股上市企业使用衍生工具种类情况

年份	远期	期货	互换	其他
2007	13	30	0	5
2008	25	31	1	5
2009	25	40	1	5
2010	36	61	4	6
2011	60	97	8	9
2012	42	75	8	8
2013	85	102	13	29
2014	59	80	6	8
2015	53	69	9	16
2016	56	85	10	19

（2）使用衍生工具的行业分类

作者首先根据证监会《上市公司行业分类指引》（证监会公告〔2012〕31 号）对使用衍生工具的企业进行分类，在分类的基础上，按照使用衍生工具企业的数量从多到少对 2007—2016 年间 A 股使用衍生工具的行业进行排序（见图 3.3 和表 3.2）。

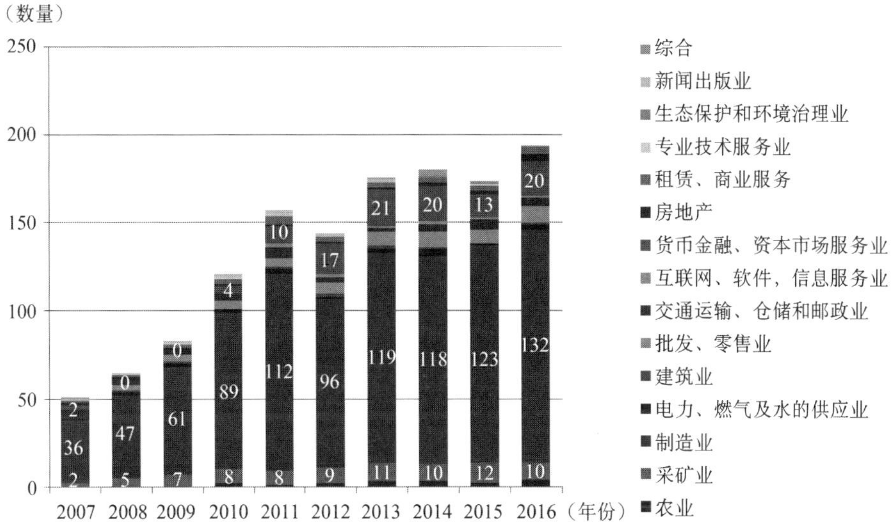

图 3.3　2007—2016 年 A 股上市企业运用衍生工具行业分布情况

表 3.2　2007—2016 年 A 股上市企业运用衍生工具行业分布情况表 （单位：个）

年份	2007	2008	2009	2010	2011	2012	2013	2014	2015	2016
农业	0	0	0	2	1	2	3	3	2	4
采矿业	2	5	7	8	8	9	11	10	12	10
制造业	36	47	61	89	112	96	119	118	123	132
电力、燃气及水的供应业	1	2	2	2	3	1	2	4	1	3
建筑业	0	1	1	0	1	2	2	1	0	1
批发、零售业	0	3	4	5	5	6	8	9	8	9
交通运输、仓储和邮政业	5	3	3	4	6	3	2	4	6	5
互联网、软件，信息服务业	0	0	0	0	2	2	1	2	1	1
货币金融、资本市场服务业	2	0	0	4	10	17	21	20	13	20
房地产	2	2	1	1	1	1	1	2	2	4
租赁、商业服务	1	1	2	3	5	3	3	3	3	4
专业技术服务业	0	1	1	1	1	0	0	0	1	0
生态保护和环境治理业	0	0	0	0	0	0	0	1	1	1
新闻出版业	1	0	1	2	2	2	2	0	0	0
综合	1	0	0	0	0	0	1	3	1	0
总计	51	65	83	121	157	144	176	180	174	194

综上数据分析可以看出，在2007—2016年间按照一级行业分类，国内A股上市企业中进行衍生工具投资的行业，制造业一直是占据了绝大多数，其中电气机械及器材制造业，有色金属冶炼及压延加工业，化学原料及化学制品制造业以及计算机、通信和其他电子设备制造业，其中制造业是使用衍生工具进行套期保值的主要子行业。部分行业如互联网、软件，信息业以及生态保护和环境治理业是在近几年才开始进行衍生工具投资的；建筑业和专业技术服务业的企业在这10年间偶尔会根据企业经营情况进行衍生工具投资；房地产业、租赁、商业服务业进行衍生工具投资的企业数量并未随着时间的推移和行业发展而有所提升，尤其是房地产业，本书认为这种情况与中国房地产行业大方向增长趋势有着重要关系，在企业能够判断行业发展和走势的时候，衍生工具对冲风险的作用就会相对小一些；部分行业如新闻出版业企业也在部分年份进行了衍生工具投资，这种情况的出现是本书作者在研究开始之前所未能预料到的。

（3）衍生工具使用目的分类

通过前文描述方法对2007—2016年所有的3126家A股上市企业近3万份年度报告进行筛选，得到这一时期企业按照衍生工具使用目的分类情况如图3.4所示。

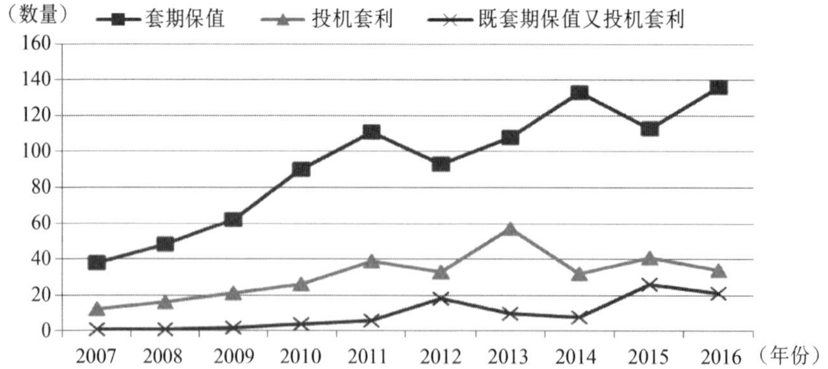

图3.4 企业使用衍生工具目的甄别结果

可以看出，从2007年起到2016年这10年间，无论是运用衍生工具进行套期保值的企业数量还是投机套利企业的数量都呈现出一个波动增长向上的趋势。

与图 3.4 相对应，表 3.4 给出了 2007 年起到 2016 年 A 股上市企业使用衍生工具的分类情况。表 3.3 第 2 列括号中的数字表示高度有效套期保值企业的数量。

表 3.3　　2007—2016 年企业运用衍生工具目的分类结果　　（单位：个）

年份	套期保值（高度有效）	投机套利	既套期保值又投机套利	使用衍生工具总数
2007	38（7）	12	1	51
2008	48（9）	16	1	50
2009	62（8）	21	2	85
2010	90（15）	26	4	120
2011	111（15）	39	6	156
2012	93（11）	33	18	144
2013	108（11）	57	10	175
2014	133（25）	32	8	173
2015	113（23）	41	26	180
2016	136（24）	34	21	191

从表 3.3 可以看出，2007 年共有 51 家企业运用衍生工具进行套期保值或者投机套利，这一数字在随后的几年中基本呈上升态势，在 2016 年上升到了 191 家。大体上看，企业使用功能衍生工具的数量呈现上升趋势，但这个上升的趋势又伴随着一定的波动性，本书认为这背后有着深刻的内涵：其上升趋势表明的是中国衍生工具市场参与者不断增加、品种不断丰富、制度不断完善的稳步发展的态势；上升趋势过程中的波动性进一步体现了衍生工具使用的风险性和企业对衍生工具的再认识。从数据上看，运用衍生工具套期保值的企业中，高度有效套期保值企业数量虽然随着时间的推移在绝对数量上有所增加，但在套期保值企业中的占比一直相对稳定，说明 A 股上市企业使用衍生工具的能力在逐步提升，但大部分套期保值企业使用衍生工具并未完全实现套期保值的目标。

3.4.5 样本说明

根据前文所述的分类方式和分类结果，本书从 2007—2016 年间 3126 家 A 股上市公司中筛选出“高度有效套期保值企业”和“非高度有效套期保值企业”共 308 家作为套期保值企业研究对象组；“既套期保值又投机套利企业”“纯投机套利企业”共 100 家作为投机套利企业样本组。之所以选择这 10 年作为样本周期，主要是原因是：第一，这一期间企业年度报告中衍生工具投资披露遵循的会计准则一致。由于财政部 2006 年颁布了一版《企业会计准则》，该会计准则从 2007 年起正式实施，因此本书所研究的 A 股上市企业也是从 2007 年起被要求在其年度报告中披露衍生工具的投资和使用情况，从 2007 年起到本书开始研究的 2016 年，这期间企业所遵循的信息披露准则一致，数据具有可比性。第二，2007—2016 年的 10 年是一个经济中周期，中国股市恰好经历了从“牛市”到“熊市”再到“牛市”的一波完整周期，以 10 年为一个研究区间可以更好解答从长期来看企业套期保值的动因是什么，套期保值行为对企业价值在长期有何影响等问题，可以对已有的国内市场研究文献进行补充，其研究结论更具有政策价值和参考意义。本书后续重点研究将在本章筛选出的套期保值样本组上展开，这 308 个企业样本在不同行业的分布如表 3.4 所示。从表中可以看出，制造企业更愿意采取套期保值行为。

表 3.4　　2007—2016 年套期保值企业行业分布情况表

行业	代码	个数
采矿业	B	14
制造业	C	218
电力、燃气及水的供应业	D	6
建筑业	E	3
批发、零售业	F	14

续表

行业	代码	个数
交通运输、仓储和邮政业	G	13
信息传输、软件和信息技术服务业	I	2
货币金融、资本市场服务业	J	18
房地产	K	5
租赁和商务服务业	L	6
生态保护和环境治理业	N	1
农、林、牧、渔	A	4
科学研究和技术服务业	M	1
文化、体育和娱乐业	R	2
综合	S	1
总计		308

为了分析样本组的问题，本书构造了数量相等的对照组样本。具体构造方法如下：

第一，在所有的 3126 家企业中排除使用衍生工具的 408 个企业，剩下的 2718 家作为对照组的总样本；

第二，按照一级行业类别，在每个行业内随机选取与样本组中该行业中企业数量相同的企业，构成对照组。

按照此方法，套期保值样本组共包含 308 家企业，所以对照组也选出 308 家企业。投机套利样本组共包含 100 家企业，所以对照组也选出 100 家企业。

第 4 章

我国上市企业套期保值决定因子的研究

4.1　理论假设

综合国外学者研究结果，现有理论一般将套期保值动因总结为六种假说，分别是减少预期税收假说、降低财务危机成本假说、避免投资不足假说、规模假说、替代假说和内部治理假说。本书认为无论从套期保值的行为还是深度，这六个假说比较全面地反映了企业套期保值的动因，而国内的文献反映出我国企业套期保值的动因莫衷一是，因此本书采用这六个假说作为理论依据，全面考察我国企业套期保值的内在动因以及套期保值深度的影响。这里在分析六个假说基础上提出本章的实证假设。

4.1.1　减少预期税收假说

税收分析理论认为，企业使用衍生工具进行套期保值主要是出于减少企业税负，提高企业利润留存，从而进一步提升企业价值的动因。该理论认为，企业使用套期保值工具能否有效提升企业价值取决于企业所面临的税负函数，根据 Smith 和 Stulz（1985）的研究，当企业所面临的税收函数是凸函数时候，企业可以通过套期保值降低收入造成的经营性波动，由于税盾效应的存在，企业可以有效提高其收入的稳定性，企业收入稳定性提高一方面可以减少企业的预期税负；另一方面稳定的现金流可以吸引更多的债权人，提高企业的资产负债率，因此在税盾效应存在的情况下，企业的价值就会增加。由于企业税收凸性的相关代理变量不易查取，因此在实证分析部分，参照相关学者的研究方法，本书将选取资产负债率作为企业负债程度的代理变量，本书提出如下假设：

H1：企业使用衍生工具进行套期保值与企业的资产负债率具有正相关关系。

4.1.2 降低财务危机成本假说

根据前文文献综述，Fehle（2009）等学者认为在资产负债率一定的情况下，企业承担确定的还本付息额，企业收入波动越大则企业面临无法还本付息进而陷入财务困境的可能性就越大，企业在这种考量下，其套期保值动因主要包含以下两个方面的因素：一方面企业使用套期保值工具可以有效降低收入波动进而提升企业价值；另一方面当企业负债率较高的情况下，也更能激励企业去使用套期保值工具降低其收入的波动性，从而减少企业因为收入波动陷入破产困境的可能性。一般来说长期负债比率越高，企业陷入财务危机的可能性就越高，而利息保障倍数越高，企业陷入财务危机的可能性就越低，因此在实证分析部分，参考已有的相关研究方法，本书将选取具有代表性的利息保障倍数和长期负债比率两个财务指标作为代理变量进行研究，本书提出如下假设：

H2：企业使用衍生工具进行套期保值与企业的利息保障倍数具有负的相关关系。

H3：企业使用衍生工具进行套期保值与企业的长期负债比率具有正相关关系。

4.1.3 避免投资不足假说

与前文两种假设相同，基于使用套期保值工具可以稳定企业的收入这样一个前提，根据 Carter（2003）等学者论述，如果企业面临的投资机会较多，企业会更倾向于采取相关经营管理措施，利用各类手段和工具稳定自己的现金流，以匹配自己的投资需求，在这样的情况下，如果一个企业所拥有的投资机会越多，该企业使用衍生工具进行套期保值的动力就越大。在企业现有的财务指标中，市盈率、主营业务增长率和账面市值比越高，意味着企业的投资成长能力越强，参照有关学者的研究方法，本书将选取最主要的市盈率指标作为企业投资能力的衡量变量，本书提出如下假设：

H4：企业使用衍生工具进行套期保值与企业的市盈率具有正相关关系。

4.1.4　规模假说

Warner 等（1977）Smith 和 Stulz（1985）经过研究发现，企业规模越大，其破产成本就越高，破产成本高的企业套期保值动力反而会相对小一些，因此其得出结论，小企业更有动力进行套期保值，他们的支持者认为，小企业受到外部经营环境波动的冲击较大，相比大企业有着更加迫切的稳定经营需求，在信息不对称和外部融资成本较高的情况下，小企业持有衍生工具进行套期保值的意愿更加强烈。但是也有相当一部分学者提出了不同意见，他们主张相关大企业在信息和交易成本上存在规模经济，规模大的企业参与套期保值的成本更低，同时更有动力和能力进行套期保值。根据相关学者研究，结合国内上市企业的实际情况，本书认为国内企业套期保值行为动因很可能是后一种情况，因此提出如下假设：

H5：企业使用衍生工具进行套期保值与企业资产规模有正相关关系。

4.1.5　替代假说

在前面一些假设中，Nance 等（1993）认为企业使用套期保值工具主要是为了稳定企业经营，减少企业财务困境的概率，根据文献综述提到的相关研究，那么当企业流动性充裕，即企业持有大量的流动资产时，企业陷入财务困境的可能性就低，企业套期保值的动力就会减弱，一般来说流动比率和现金比率越高，企业的流动性越好，其越缺乏动力进行套期保值，企业良好的现金流是衍生工具风险对冲的替代。参考有关学者的研究方法，本书在实证部分将使用这两个变量作为企业流动性的衡量，并提出如下两个假设：

H6：企业使用衍生工具进行套期保值与企业的流动性比率具有负相关关系。

H7：企业使用衍生工具进行套期保值与企业的现金比率具有负相关关系。

4.1.6 内部治理假说

部分西方学者认为，企业内部治理机制包括机构投资者持股、管理层激励、股权集中度等都会影响企业的套期保值行为决策。Geczy 等（1997）、Graharm 和 Rogers（2002）研究了机构投资者持有企业股票份额来研究企业信息披露的透明度，考虑到机构投资者本身对各项经营管理满足监管当局的各项监管要求更为迫切，其进行高水平的信息披露是自身经营和发展的内在的需求，因此机构投资者持股可以显著降低企业的信息不对称性，降低企业使用衍生工具的需求。Tufano（1996）和 Ugur（2006）提出管理层是利己的，自利的管理层持股会增加企业套期保值动力，利己的持股管理层会不断拉升企业股价，提高企业的市值，并在研究中以管理层持有的期权数额作为代理变量，分析管理层风险厌恶对套期保值决策的影响形式和程度，Geczy 等将管理层持有期权所能获取的股票市值对数作为代理变量对同样一个问题进行了研究。除此之外，部分学者在研究中也提出，当企业的股权集中度高时，大股东出于稳定经营的考虑，会要求管理层通过使用套期保值工具稳定企业经营。考虑到本书研究对象较少披露管理层期权持有信息，本书将使用企业管理层持有股票数量作为解释变量。综合以上分析，本书提出如下假设：

H8：企业使用衍生工具进行套期保值与企业的机构投资者持股比

例具有负相关关系。

H9：企业使用衍生工具进行套期保值与企业的管理层持股比例具有正相关关系。

H10：企业使用衍生工具进行套期保值与企业的与第一大股东持股比例成正相关关系。

4.2　套期保值决定因子的实证分析

4.2.1　数据来源和变量定义

（1）数据来源

①上市企业年度报告。根据前述分析，由于上市企业对衍生工具使用情况的披露一般是在“流动资产/负债——套期工具”以及“交易性金融工资产/负债”项下进行，但在实际收集数据时发现，现有可得数据库无论是 Wind 数据库还是 CSMAR 数据库，都没有对“流动资产/负债——套期工具”进行单列，虽然 CSMAR 数据库能够提取到“交易性金融资产/负债”的数据，但由于交易性金融资产这一会计科目中除了衍生工具之外，还包含了企业持有的股票、债券、基金等其他金融工具，这一数据无法准确反映企业套期保值金融工具头寸的持有情况，因此作者无法通过批量提取的方式获得企业是否使用衍生工具，以及衍生工具运用浮动盈亏的情况。

为获得企业使用衍生工具详细具体的数据，作者通过巨潮网手动检索了 2007—2016 年 10 年间中国 A 股上市企业的全部近三万份年度报告，以“套期保值”“衍生”“期货”“远期”“互换”“期权”“CDO”“CDS”“NDF”等作为关键词，通过手动逐份查找的方式，搜索相关衍生工具的投资和使用信息，并根据第2章所述的甄别方法，从所筛选出来进行衍生工具投资的企业中识别出进行套期保值和投机套利的企业，获得样本企业的套期保值信息，以此对被解释变量即企业是否使用衍生工具数据进行了提取分析。

②CSMAR、Wind数据库。除了企业使用衍生工具的相关信息之外，对于A股上市企业2007—2016年间披露的、能够在现有数据库批量提取相关财务数据，本书都是通过CSMAR数据库和Wind数据库批量提取，采用批量提取方式获得数据的变量有资产负债率、利息保障倍数、长期负债比率、市盈率、流动比率、现金比率、总资产对数、托宾Q值等。

（2）样本说明

从前文分析和以上数据可以看出，国内A股上市企业套期保值企业有明显的行业分布倾向，呈现出制造业企业多，其他一级分类行业相对较少的状态，为了避免和排除行业差异对最终结论的影响，又使得结论不失普遍性和代表性，本章选取第3章筛选出的308个套期保值企业，并按照与所选择的308个样本所处的行业分布数量对等原则，从全部A股上市企业中排除套期保值样本企业和投机套利企业，在未使用衍生工具套期保值的A股上市企业中，剔除ST企业，分行业按随机选择了308家企业作为对未使用衍生工具套期保值的对照样本。

（3）变量定义

①被解释变量。本书选择企业进行套期保值与否作为被解释变量，用虚拟变量Y表示，如果企业运用衍生工具进行套期保值，则Y取值为1，否则其取值为0。

②解释变量。选取资产负债率、利息保障倍数、长期负债比率、市盈率、流动比率、现金比率、总资产对数、机构投资者持股比例、管理层持股比例和第一大股东持股比例作为模型的解释变量。根据套期保值动因的研究假设，变量的定义和理论依据如表4.1所示。

表4.1　变量定义和理论依据

	变量	变量名称	度量标准	理论依据
被解释变量	Y	是否使用衍生工具	虚拟变量，否 = 0，是 = 1	
解释变量	X_1	资产负债率（%）	负债总额/资产总额	减少预期税收假说
	X_2	利息保障倍数	息税前利润/利息费用	降低财务困境成本假说
	X_3	长期负债比率（%）	长期负债总额/资产总额	降低财务困境成本假说
	X_4	市盈率	每股价格/每股收益	避免“投资不足”假说
	X_5	总资产额对数	企业拥有或控制的、预期能够为企业带来经济利益的资源	规模假说
	X_6	流动比率（%）	流动资产/流动负债	替代假说
	X_7	现金比率（%）	（货币资金 + 有价证券）/流动负债	替代假说
	X_8	机构投资者持股比例	基金持股数量之和/总股数	内部治理假说
	X_9	管理层持股比例	管理层持股数量之和/总股数	内部治理假说
	X_{10}	第一大股东持股比例	企业第一大股东持股数量/总股数	内部治理假说

4.2.2　描述性统计和相关性分析

（1）描述性统计分析

本章以308个套期保值企业样本组为研究对象，同时按照3.4.3节中对照组构造方法得出对照组，进行描述性统计分析。经过对两组进行简单的描述性统计分析，对套期保值组和对照组企业的资产负债率、利息保障倍数、长期负债比率、市盈率、总资产额对数、流动比率、现金比率、机构投资者持股比例、管理层持股比例和第一大股东持股比例进行计算，通过eviews软件分析，所得出的结果如表4.2所示。

由于表4.2中利息保障倍数和市盈率两个指标方差过大，为了排除研究样本和对照组中极端数据对分析结果的影响，在分别剔除两个指标

10%的极端数据之后，统计结果如表4.3所示。

表4.2　套期保值决定因子解释变量的统计性描述和单因素检验

	样本组			对照组		
	均值	中位数	方差	均值	中位数	方差
X_1	0.5446	0.5505	0.2842	0.4353	0.4081	0.2327
X_2	-9.0569	2.6518	366.1054	-53.2219	2.4886	1812.7870
X_3	0.0803	0.0537	0.0843	0.0861	0.0513	0.0986
X_4	236.6183	31.2572	8257.9200	114.1090	40.2266	600.2465
X_5	22.5686	22.2668	1.8531	21.7727	21.5021	1.4340
X_6	1.9820	1.2522	5.5171	2.9034	1.5740	6.2860
X_7	0.6875	0.2683	4.0225	1.2667	0.3921	5.0051
X_8	7.8125	3.4475	11.2000	8.0818	3.1045	12.2273
X_9	0.0808	0.0008	0.1600	0.1467	0.0094	0.2118
X_{10}	38.3512	36.9100	15.9073	35.8095	33.2600	16.1017

表4.3　优化后的套期保值决定因子解释变量的统计性描述和单因素检验

	样本均值	对照组均值
X_1	0.5446	0.4353
X_2	3.5469	1.3438
X_3	0.0803	0.0861
X_4	48.3940	31.1614
X_5	22.5686	21.7727
X_6	1.9820	2.9034
X_7	0.6875	1.2667
X_8	7.8125	8.0818
X_9	0.0808	0.1467
X_{10}	38.3512	35.8095

通过以上描述性统计表可以看出，在本书前面提到的假设中，相关比率存在一定差异。参照本书坐直以往分析方法，具体分析如下：

①使用衍生工具进行套期保值的样本组企业的资产负债率均值为54.45%，高于未套期保值的对照组企业43.52%的资产负债率均值，

这个统计结果与“减少税收预期假说”的假设H1提出的企业使用衍生工具进行套期保值与企业的资产负债率具有正相关关系是一致的。

②使用衍生工具进行套期保值的样本组企业平均利息保障倍数均值为3.54，而未使用衍生工具套期保值企业的利息保障倍数均值为1.34；使用衍生工具进行套期保值的样本组长期负债比率均值为0.08，未使用衍生工具套期保值企业的长期负债比率均值为0.086。这个统计结果与前文“降低财务危机成本假说”部分假设H2提出的企业使用衍生工具进行套期保值与企业的利息保障倍数具有负的相关关系，以及假设H3提出的企业使用衍生工具进行套期保值与企业的长期负债比率具有正相关关系相矛盾。本书认为这种情况的出现，可能与中国企业债务软约束情况有关，即对于可能的财务困境，上市企业可以通过政府兜底、债务重组、债转股等手段进行债务转嫁，中国上市企业尤其是国有上市企业对于自身陷入财务困境的可能性并不过分担忧，因此企业通过套期保值手段降低自身面临的财务困境动力就不足。

③使用衍生工具进行套期保值样本企业市盈率均值为48.39，未使用衍生工具套期保值的对照组企业的市盈率均值为31.16，市盈率越高，企业的投资能力越强，这个统计结果与前文“避免投资不足假说”的假设H4提出的企业运用衍生工具套期保值与企业的市盈率具有正相关关系相一致。

④使用衍生工具进行套期保值的样本企业总资产对数均值为22.56，未使用衍生工具套期保值的对照组企业总资产对数均值为21.77，统计结果与“规模假说”的假设H5提出的企业使用衍生工具进行套期保值与企业资产规模有正相关关系相一致。

⑤使用衍生工具进行套期保值的样本企业流动比率均值为1.98，未使用衍生工具套期保值的对照组企业的流动比率均值为2.9；使用衍生工具进行套期保值的企业现金比率均值为0.687，未使用衍生工具套期保值企业的现金比率均值为1.266，流动比率和现金比率越高，企业流动性越好，就越没有动力去套期保值，统计结果与前文“替代假说”

部分的假设 H6 和 H7 提出的企业使用衍生工具进行套期保值与企业的流动性比率具有负相关关系，与企业的现金比率具有负相关关系相一致。

⑥使用衍生工具进行套期保值的样本企业机构管理者持股比例均值为 7.81，未使用衍生工具套期保值的对照组企业机构管理者持股比例均值为 8.08；使用衍生工具进行套期保值的样本企业管理层持股比例均值为 0.08，未使用衍生工具套期保值的对照组企业管理层持股比例均值为 0.146；使用衍生工具套期保值的样本企业第一大股东持股比例均值为 38.35，未使用衍生工具进行套期保值的样本组第一大股东持股比例均值为 35.80；统计结果与前文“内部治理假说”的假设 H8 和 H10 分别提出的企业使用衍生工具进行套期保值与企业的机构投资者持股比例具有负相关关系，与企业的与第一大股东持股比例成正相关关系相一致，但与 H9 提出的套期保值行为与企业的管理层持股比例具有正相关关系的假设矛盾，矛盾原因将在回归分析后结合投机套利的分析情况进行详细阐述和说明。

综上分析，通过描述性统计可以看出运用衍生工具进行套期保值的样本组企业与对照组企业之间在相关变量上存在一定差异，在一定程度上说明了六个假说中的“减少税收预期假说”“避免投资不足假说”“规模假说”和“替代假说”，部分说明了“内部治理假说”，未能够说明“降低财务危机成本假说”。

（2）相关性检验

在多元回归分析中首先需要对变量之间的相关程度进行检验，以排除多重共线性的影响。本书计算了解释变量之间的简单相关系数，结果如表 4.4 所示。

表 4.4　　　　解释变量相关系数

	X_1	X_2	X_3	X_4	X_5	X_6	X_7	X_8	X_9	X_{10}
X_1	1.0000									
X_2	0.0158	1.0000								

续表

	X_1	X_2	X_3	X_4	X_5	X_6	X_7	X_8	X_9	X_{10}
X_3	0.3762	0.0162	1.0000							
X_4	-0.0019	0.0049	-0.0294	1.0000						
X_5	0.5070	0.0107	0.3184	-0.0756	1.0000					
X_6	-0.3694	-0.0029	-0.1289	-0.0017	-0.1874	1.0000				
X_7	-0.2670	-0.0080	-0.0851	-0.0105	-0.1256	0.9068	1.0000			
X_8	-0.1233	0.0178	0.0050	0.0081	-0.0973	0.0356	0.0335	1.0000		
X_9	-0.3057	0.0054	-0.1827	-0.0104	-0.2644	0.2606	0.2037	0.0838	1.0000	
X_{10}	0.1708	0.0132	0.0255	-0.0405	0.2783	-0.0670	-0.0528	-0.5389	-0.0708	1.0000

一般而言，如果在多元回归分析中，解释变量之间的简单相关系数如果大于0.8，我们就会得出解释变量之间存在较强的多重共线性这一结论。因此，在表4.4中流动比率（X_6）和现金比率（X_7）之间存在着多重共线，除了这两个特征变量之外，其他变量之间的相关系数都没有超过0.8，所以本书将会在回归中将流动比率和现金比率分别纳入不同的模型进行回归分析。

4.2.3 Logistic 回归分析

（1）模型的构建

根据前文分析，虽然通过描述性统计在一定程度上说明了使用衍生工具套期保值的企业和未使用衍生工具进行套期保值企业直接的特征变量存在统计意义上的差异，但是这些差异并未深入反映不同变量之间的相关关系，无法说明在其他因素不变的情况下，单一的特征变量对企业使用衍生工具动因的影响程度。为了进一步研究多个因素对企业套期保值行为的同步影响，考虑到因变量为虚拟变量 Y，在虚拟变量为两分类或多分类变量时，Logistic 回归分析方法往往是较好的选择，因此建立多个回归因子的二元因变量的总体 Logistic 模型如4.1所示，模型采用最大似然法进行参数估计：

$$\ln \frac{P(Y)}{1-P(Y)} = \alpha_0 + \alpha_1 X_1 + \alpha_2 X_2 + \alpha_3 X_3 + \alpha_4 X_4 + \alpha_5 X_5 + \alpha_6 X_6 + \alpha_7 X_7 + \alpha_8 X_{28} + \alpha_9 X_9 + \alpha_{10} X_{10} + \varepsilon \quad (4.1)$$

X_k表示第 k 个自变量；α_k表示系数；ε 表示服从正态分布的随机误差项。

（2）剔除多重共线的套期保值动因估计

根据前文相关性检验，流动比率和现金比率存在多重共线性，有可能导致变量系数不显著，为了全面准确进行分析，本书分别按照模型构建方法构建两个模型：第一个模型以互不显著相关的资产负债率、利息保障倍数、长期负债比率、市盈率、总资产对数、流动比率、机构投资者持股比例、管理层持股比例、第一大股东持股比例作为解释变量进行回归分析；第二个模型以互不显著相关的资产负债率、利息保障倍数、长期负债比率、市盈率、总资产对数、现金比率、机构投资者持股比例、管理层持股比例、第一大股东持股比例作为解释变量进行回归分析。

（3）估计结果分析

由于变量 X_6 和 X_7 存在一定程度的多重共线性，所以这里应用模型（4.1）分两次进行回归，结果如表 4.5 所示。

表 4.5　企业运用衍生工具套期保值决定因子的多元回归分析结果

	模型一				模型二			
	系数	方差	Z 值	P 值	系数	方差	Z 值	P 值
X_1	0.6280	0.5810	1.0809	0.2798	0.5458	0.5854	0.9322	0.3512
X_2	0.00003	0.0001	0.3664	0.7140	0.00003	0.0001	0.3571	0.7210
X_3	0.5079	1.5134	0.3356	0.7372	0.5300	1.5165	0.3495	0.7267
X_4	0.0002	0.0002	0.7545	0.4505	0.0002	0.0002	0.7345	0.4626
X_5	0.4539	0.0859	5.2867	0.0000	0.4540	0.0862	5.2642	0.0000
X_6	-0.0074	0.0185	-0.4010	0.6884				
X_7					-0.0388	0.0424	-0.9147	0.3603
X_8	-0.1873	0.0105	-17.7752	0.0000	-0.1874	0.0106	-17.7603	0.0000

续表

	模型一				模型二			
	系数	方差	Z 值	P 值	系数	方差	Z 值	P 值
X_9	-1.5428	0.7587	-2.0335	0.0420	-1.5289	0.7597	-2.0126	0.0442
X_{10}	0.1215	0.0074	16.3866	0.0000	0.1215	0.0074	16.3839	0.0000
R - squared = 0.8098					R - squared = 0.8100			

模型一的 R - squared 为 0.8098；模型二的 R - squared 为 0.8100，说明两个模型很好地拟合了数据。

从回归结果可以看出，假设 H5 提出的企业规模与企业套期保值行为正相关在 1% 的置信水平上显著，假设 H8 提出的机构投资者持股比例与企业套期保值行为负相关在 1% 的置信水平上显著，假设 H10 提出的第一大股东持股比例与企业套期保值行为正相关在 1% 的置信水平上显著。除了假设 H2 和 H9 之外，其余假设提出的相关特征变量系数符号虽然与假设一致，但是水平不显著。

特别需要提出的是，西方学者认为管理层是利己的，管理层持股会增加企业套期保值动力，利己的持股管理层会不断拉升企业股价，提高企业的市值，因而假设 H9 提出企业使用衍生工具进行套期保值与企业的管理层持股比例具有正相关关系，这与本书的描述性统计结果和回归结果存在矛盾。从回归结果可以看出，A 股管理层持股比例与企业套期保值行为是负相关的，且在 1% 的置信水平上显著。此外，假设 H2 提出的企业使用衍生工具进行套期保值与企业的利息保障倍数具有负的相关关系也与回归结果不符，虽然水平不显著。

综上分析，在西方学者提出的六种假说——减少税收预期假说，降低财务危机成本假说，避免投资不足假说，规模假说，替代假说和内部治理假说中，减少税收预期假说、避免投资不足假说、替代假说没有得到实证检验的证实。根据本书回归结果，企业套期保值行为受到企业规模因素、机构投资者持股比例因素和第一大股东持股比例因素的影响，企业规模与企业套期保值行为正相关，机构投资者持股比例与企业套期保值行为负相关，第一大股东持股比例与企业套期保值行为正相关，规模假设得到了实证分析的验证，这与郑启旭（2016）的观点相同，同时本书提出的内部治理假说中的部分观点得到了验证。本书发现了A股上市企业管理层持股驱动因素与西方学者理论假设不一致，本书认为可能的原因主要包含三个方面：第一个方面可能是因为研究样本中的国有企业管理层行为的影响因素市场因素之外，会更多受到行政因素的影响，第二种因素限制了管理层的自利行为的自由度；第二个方面，在A股企业治理结构中，存在股票减持限制等控制持股高管自利的因素，由于限制的存在，如果企业套期保值失败，不仅有股票价格的损失，还有名誉的损失，其面临的风险可能会大于获得的收益；第三个方面，A股管理层对企业经营和市场形势判断可能存在过度自信，相信自身可以通过趋势研判同时获得商品市场和衍生工具市场两方面的利润，在这样的情况下，持股比例越高，管理层越有动力进行投机套利而非套期保值。

4.3 套期保值深度决定因子的实证分析

4.3.1 数据来源和变量定义

（1）数据来源

与4.2节套期保值动因实证研究部分的数据来源一样，本节的数据来源也是上市企业年度报告和CSMAR、Wind数据库，手动搜索和确定了企业使用衍生工具套期保值的损益，对能够批量提取的数据进行了批量提取。

（2）变量定义

①被解释变量。本节主要研究我国企业套期保值深度的决定因子，因此被解释变量取为套期保值深度（简称套保深度），用符号H表示。

在衡量企业套期保值程度方面，国内外学者使用的方法不尽相同，Gay 和 Nam（1998）首先使用了 Tobit 模型对企业套期保值决定因子进行了研究，Graham 和 Rogers（2002）在研究中使用了企业所投资的衍生工具净名义本金（即空头与多头之差）与企业总资产账面价值之比作为企业使用衍生工具套期保值的程度衡量变量。Adam（2002）在其研究中，使用企业为了一定时期固定收入流与对应期间的投资支出之比来衡量企业的套期保值程度。

在国内研究方面，窦登奎（2011）使用了衍生工具浮动盈亏与企业当年净利润之比来衡量企业使用衍生工具的套期保值程度。郑莉莉（2013）考察了衍生工具对企业价值的影响路径，提出了使用 HDGSIZE 和 HDFPOS 来衡量企业使用衍生工具的程度，其中 HDGISZE 是企业持有衍生工具面值与企业总资产规模数值的比例，HDFPOS 是衍生金融资产和衍生金融负债的差额与企业规模数值的比例。刘方方（2015）在研究中使用衍生工具的公允价值与企业总资产之比作为企业使用衍生工具套期保值程度的代理变量。

由于我们研究的是 A 股上市企业，根据相关会计准则和本书作者对年报的筛选，发现 A 股上市企业年度报告中对于所持有的衍生工具头寸名义金额（包括其持有的空头和多头数量），企业未来一定时期的固定收入和投资支出都没有相关披露，而对于期初和期末所持有衍生工具的公允价值及衍生工具期间交割的盈亏数值进行了相关披露，基于数据的可得性，本书参照窦登奎的研究方法，使用衍生工具浮动盈亏即当年衍生工具总收益与当年净利润之比作为用以衡量企业的套期保值程度，如公式 4.2 所示，使用 Logit 模型的解释变量，对样本企业 2007—2016 年 10 年间的套期保值深度决定因素按照年度进行 Tobit 多元回归分析（左归并点为 0，censored at 0）。之所以选择这样的衡量方法，主要是考虑到中国企业所面临的宏观市场环境因素一致，面临的外部约束和系统，A 股企业进行套期保值操作和投资的能力之间差异不大，衍生工具的盈亏与其持有衍生工具的数量成正比。之所以不采用刘方方

（2015）的方法，主要是考虑到上市企业总资产规模较大，企业持有衍生工具的公允价值以及衍生工具投资损益的比值较小，所取得的数据在套期保值企业之间差异不明显。

$$Degree = \frac{|\text{当年衍生工具总收益}|}{|\text{当年净利润}|} \tag{4.2}$$

②解释变量。本节的解释变量与 4.2 节相同，此处不再赘述。

4.3.2 描述性统计和相关性分析

（1）描述性统计分析

本节的研究对象是 2007—2016 年间凭借衍生工具套期保值的企业，即上一节中进行套期保值的 308 家样本组企业，其中资产负债率、利息保障倍数、长期负债比率、市盈率、总资产额对数、流动比率、现金比率、机构投资者持股比例、管理层持股比例和第一大股东持股比例都已经在上一节进行了相关计算，样本组 2007—2016 年套期保值深度相关描述性统计数据如表 4.6 所示。

表 4.6　2007—2016 年套期保值企业套期保值深度分年度描述性统计

	均值	中位数	方差
2007 年套期保值深度	0.114	0.029	0.181
2008 年套期保值深度	0.188	0.081	0.253
2009 年套期保值深度	0.139	0.027	0.272
2010 年套期保值深度	0.098	0.024	0.174
2011 年套期保值深度	0.107	0.018	0.243
2012 年套期保值深度	0.135	0.016	0.320
2013 年套期保值深度	0.234	0.042	0.400
2014 年套期保值深度	0.127	0.021	0.434
2015 年套期保值深度	0.098	0.013	0.273
2016 年套期保值深度	0.119	0.028	0.257
10 年平均套期保值深度	0.132	0.024	0.286

从表 4.6 可以看出，2007—2016 年间企业套期保值的平均深度为 13.2%，相对于研究期间的其他年份，2010 年和 2015 年企业的套期保值深度低于 10%，2013 年企业套期保值深度均值高于其他年份，达到了 23.4%。因此，可以看出总体上我国企业使用衍生品进行套期保值时衍生品的使用量普遍偏少，有可能导致套期保值效果不佳。

（2）相关性分析

通过对 2007—2016 年间的上市企业套期保值深度与各解释变量的相关性分析，除了表 4.7 中流动比率（X_6）和现金比率（X_7）之间存在着多重共线之外，其他变量之间的相关系数都没有超过 0.8，所以本书仍然参照 4.2 节的方法，将流动比率和现金比率分别纳入不同的模型进行回归分析。

表 4.7　　解释变量相关系数

	H	X_1	X_2	X_3	X_4	X_5	X_6	X_7	X_8	X_9	X_{10}
H	1.000										
X_1	0.028	1.000									
X_2	0.002	0.047	1.000								
X_3	0.040	0.352	0.033	1.000							
X_4	0.036	-0.070	0.010	-0.037	1.000						
X_5	-0.016	0.524	-0.008	0.334	-0.087	1.000					
X_6	-0.008	-0.339	-0.015	-0.106	0.016	-0.179	1.000				
X_7	-0.009	-0.323	0.001	-0.077	-0.006	-0.154	0.922	1.000			
X_8	-0.014	0.070	-0.023	0.072	-0.039	0.069	-0.039	-0.032	1.000		
X_9	-0.014	-0.266	0.030	-0.162	-0.007	-0.283	0.132	0.115	-0.029	1.000	
X_{10}	-0.010	0.058	-0.004	0.024	-0.028	0.102	-0.040	-0.029	-0.054	-0.003	1.000

4.3.3　Tobit 回归分析

（1）模型概述

由于 308 家企业 10 年内套期保值行为有一些企业不是每年都做，

因此导致不做的年份该企业的 H 值为零，本书计算出的 308 家企业 10 年的套期保值深度 H 中为零的比例为 8.4%，说明了 H 的样本值中零比较集中，属于受限因变量，所以这里选择 Tobit 模型进行回归分析。

（2）回归结果（见表 4.8）

表 4.8　　Tobit 模型回归结果

	模型一				模型二			
	系数	标准差	Z 值	P 值	系数	标准差	Z 值	P 值
X_1	18.9920	13.2043	0.1438	0.8856	19.6221	12.6717	0.1548	0.8769
X_2	0.2929	0.6653	0.4402	0.6598	0.2783	0.6271	0.4438	0.6572
X_3	67.968	30.2358	0.2248	0.8221	68.1357	28.1429	0.2421	0.8087
X_4	5.7031	1.9327	2.9588	0.0031	5.6988	1.9325	2.9387	0.0034
X_5	10.4857	38.9056	2.6952	0.0070	94.4615	38.2175	2.4717	0.0134
X_6					-36.7168	69.1427	-0.5310	0.5954
X_7	-16.5174	11.8028	-0.1399	0.8887				
X_8	-74.3332	29.2067	-2.5451	0.0109	-68.6372	27.2923	-2.5149	0.0119
X_9	-12.0235	14.7799	-1.7093	0.0876	-13.7861	18.4192	-1.6993	0.0895
X_{10}	64.7015	13.2790	4.8725	0.0000	58.3665	12.4708	4.6803	0.0000

（3）回归结果分析

从以上回归结果可以看出，企业使用衍生工具进行套期保值的程度及套期保值深度与企业的市盈率之间的正相关关系在 1% 的置信水平显著，企业套期保值深度与企业第一大股东持股比例之间的正相关关系在 1% 的置信水平显著，与机构持股比例之间的负相关关系在 1% 的置信水平显著，与企业管理成持股水平之间的负相关关系在 10% 的置信水平显著。

综上研究结果，结合前文套期保值行为决定因素的回归结果，相比套期保值行为的决定因子，套期保值深度的决定因子在套期保值决定因子的基础上增加了“避免投资不足动因”的代理变量。因此，在西方学者提出的六种假说中的降低财务危机成本假说、避免投资不足假说、规模假说和内部治理假说等相关因素都对企业套期保值行为深度产生了影响。

4.4　稳健性检验

为进一步论证结论的稳健性，本书重新选择一些变量作为套期保值动因假设的代理变量，对企业套期保值动因的决定因子和套期保值深度的决定因子进行稳健性回归分析。根据本章 4.2 节的理论假设分析部分，本书认为产权比率（负债总额/所有者权益总额）可以衡量企业的负债情况，因此本书将使用产权比率替代资产负债率，作为减少预期税收假说的代理变量；账面市值比可以衡量企业的投资成长能力，因此本书使用账面市值比替代市盈率作为避免投资不足假说的代理变量；使用同样表示企业短期流动性的指标速动比率替代流动比率，作为替代假说的其中一个代理变量。以上变量都可以通过现有数据库批量提取。

4.4.1　套期保值动因研究稳健性检验

根据相关性检验，本书重新选取的速动比率和现金比率仍然存在多重共线性，有可能导致变量系数不显著，为了全面准确进行分析，本书同样按照本章 4.3 节的模型构建方法构建两个模型：第一个模型以互不显著相关的产权比率、利息保障倍数、长期负债比率、账面市值比、总资产对数、速动比率、机构投资者持股比例、管理层持股比例、第一大股东持股比例作为解释变量进行回归分析；第二个模型以互不显著相关的产权比率、利息保障倍数、长期负债比率、账面市值比、总资产对数、现金比率、机构投资者持股比例、管理层持股比例、第一大股东持股比例作为解释变量进行回归分析。稳健性回归结果如表 4.9 所示。

通过以上稳健性检验可以看出，企业套期保值行为受到企业规模因素、机构投资者持股比例因素、管理层持股和第一大股东持股比例因素

表 4.9　企业运用衍生工具套期保值决定因子的稳健性分析结果

	模型一				模型二			
	系数	方差	Z 值	P 值	系数	方差	Z 值	P 值
X_1	0.1364	0.5492	0.8456	0.1647	0.0701	0.1683	0.1342	0.3423
X_2	4.79E-05	0.0001	0.0691	0.2501	2.739E-05	5.968E-05	0.0477	0.2789
X_3	0.6113	1.6407	0.0467	0.6466	0.0836	0.6040	0.3344	0.4566
X_4	0.0005	0.0005	0.5684	0.3709	0.0001	0.0001	0.1747	0.4315
X_5	0.6211	0.0760	4.8381	0.0000	0.3779	0.0192	4.6696	0.0000
X_6	-0.0064	0.0206	-0.0012	0.2439				
X_7					-0.0224	0.0373	-0.6488	0.2077
X_8	-0.3681	0.0092	-5.6035	0.0000	-0.0478	0.0096	-11.3291	0.0000
X_9	-2.0117	0.9474	-1.5983	0.0192	-0.8482	0.2408	-1.3813	0.0117
X_{10}	0.2114	0.0059	7.9996	0.0000	0.0463	0.0035	8.2370	0.0000

的影响与 4.2 节回归结果一致。

4.4.2　套期保值深度决定因子研究稳健性检验

参照套期保值动因部分的稳健性分析方法，对于套期保值深度的稳健性检验同样采用变量替换的方法，将本章 4.3 节的模型中相关变量使用产权比率替代资产负债率，账面市值比替代市盈率，使用速动比率替代流动比率进行 Tobit 回归分析。

根据相关性检验，本书重新选取的速动比率和现金比率仍然存在多重共线性，有可能导致变量系数不显著，为了全面准确进行分析，以套期保值深度（H）、产权比率（X_1）、利息保障倍数（X_2）、长期负债比率（X_3）、账面市值比（X_4）、总资产额对数（X_5）、速动比率（X_6）、机构投资者持股比例（X_8）、管理层持股比例（X_9）和第一大股东持股比例（X_{10}）构建模型一，将模型一中的速动比率变量替换为现金比率（X_7）构建了模型二。回归结果如表 4.10 所示。

从表 4.10 可以看出，企业套期保值深度的驱动因素与 4.3 节一致，

表 4.10　企业运用衍生工具套期保值深度决定因子的稳健性分析结果

	模型一				模型二			
	系数	方差	Z 值	P 值	系数	方差	Z 值	P 值
X_1	19.4863	14.1855	0.1374	0.8907	18.8679	13.8910	0.1358	0.8920
X_2	0.3242	0.6999	0.4632	0.6432	0.3047	0.6856	0.4444	0.6568
X_3	80.1533	32.4236	0.2472	0.8047	79.9973	32.5635	0.2457	0.8059
X_4	0.4849	0.7899	3.3760	0.0007	0.3649	0.7284	2.3226	0.0202
X_5	10.4386	42.4831	2.4571	0.0140	10.6713	40.8867	2.6100	0.0091
X_6					-15.6254	12.1792	-0.1283	0.8979
X_7	-37.6411	74.0708	-0.5082	0.6113				
X_8	-72.8172	30.9693	-2.3513	0.0187	-74.0620	31.1226	-2.3797	0.0173
X_9	-12.6343	15.7110	-3.2531	0.0013	-10.8035	15.6345	-4.5043	0.0000
X_{10}	66.3873	14.1920	4.6778	0.0000	66.7921	14.2065	4.7015	0.0000

在西方学者提出的六种假说中的降低财务危机成本假说、避免投资不足假说、规模假说和内部治理假说相关因素都对企业套期保值行为深度产生了影响得到了验证。

4.5　案例分析

在中国目前的金融衍生品市场中，几十种衍生工具涵盖了农产品、能源、化工、金属等商品期货和几种金融期货，不少化工企业使用了相应的金融工具进行套期保值，化工作为一个典型的使用衍生工具进行套期保值的行业，本案例首先选取中信证券行业分类标准中的化工行业 A 股上市公司作为研究对象，根据行业中企业发布的 2007—2014 年套期保值决议公告，筛选出使用了衍生工具套期保值的 26 家公司，排除其中的 ST、新上市不足七年的公司，最后确定了三力士、新疆天业、英力特、中泰化学、氯碱化工、三友化工、巨化股份、新民科技、兴发集团、鸿达兴业和国风塑业这 11 家 A 股上市公司作为使用了衍生工具进行套期保值的研究对象。

4.5.1 假设提出

首先根据是否使用衍生工具对所选化工企业分为两组：一组为使用衍生工具进行套期保值的企业；另外一组是未进行衍生品投资套期保值的企业，这两组进行简单的描述性统计分析，两组企业的资产负债率、利息保障倍数、长期负债比率、市盈率、流动比率和现金比率进行计算，所得出的结果如表 4.11 所示。

表 4.11　变量的描述性统计

变量	分组	均值
资产负债率	使用	52.1076
	未使用	19.6121
利息保障倍数	使用	9.4301
	未使用	191.7195
长期负债比率	使用	20.1672
	未使用	1.9135
市盈率	使用	89.5511
	未使用	54.6192
流动比率	使用	1.2010
	未使用	4.3872
现金比率	使用	0.6034
	未使用	2.5428

从表 4.11 中可以看出，以上比率在两组企业中存在较大差异。同时，由于企业选择金融衍生工具进行套期保值的动因复杂，根据前文相关论述，在西方学者提出的企业套期保值动因中，共有减少预期税收、降低财务危机成本、避免投资不足、流动资产替代等方面的多个原因，本书将结合描述性统计分析结果，按照每一个企业可能的套期

保值动机，结合上市企业 2007—2014 年间的财务指标，提出假设进行分析。

H1：使用衍生工具进行套期保值与企业的资产负债率具有正相关关系；

H2：企业使用衍生工具进行套期保值与企业的利息保障倍数具有负相关关系；

H3：企业使用衍生工具进行套期保值与企业的长期负债比率具有正相关关系；

H4：企业使用衍生工具进行套期保值与企业的市盈率具有正相关关系；

H5：企业使用金融衍生产品进行套期保值与企业的流动性比率具有负相关关系；

H6：企业使用金融衍生产品进行套期保值与企业的现金比率具有负相关关系。

4.5.2　变量选择

（1）因变量

本书选择虚拟变量 Y 将是否采用衍生工具进行套期保值来对套期保值行为进行衡量，若企业运用金融衍生工具进行套期保值，则 Y 取值为 1，否则其取值为 0。

（2）自变量

根据上文理论假设及描述性统计分析，本书选取资产负债率、利息保障倍数、长期负债比率、市盈率、流动比率和现金比率作为模型的自变量。

4.5.3　回归模型

根据以上分析，建立多个回归因子的二元因变量的总体 Logit 模型如下，模型采用最大似然法进行参数估计：

$$\ln \frac{P(Y)}{1-P(Y)} = \alpha_0 + \alpha_1 X_1 + \alpha_2 X_2 + \alpha_3 X_3 + \alpha_4 X_4 + \alpha_5 X_5 + \alpha_6 X_6 + \beta_1 T_1 + \beta_2 T_2 + \beta_3 T_3 + \beta_4 T_4 + \beta_5 T_5 + \varepsilon$$

4.5.4 检验结果

企业总资产对数、高管持股、控股股东比率均与企业的套期保值行为之间存在正相关关系，企业的利息保障倍数、流动比率、现金比率、市盈率、市值账面比与企业的套期保值行为与之间存在负相关关系，这与 H1、H2、H3、H5、H6 的研究假设是相符的，与假设 H4 不符。

在控制变量中，T_1、T_3、T_4、T_5 与虚拟变量正相关，企业收入和企业规模都与企业套期保值行为正相关，且初步说明管理层持股比例越高，企业利益与管理层利益就越一致，企业的套期保值行为就越显著，股权集中度越高，企业越有动力进行套期保值分散风险。

通过进行 Logit 检验，在 1% 置信水平下，市值账面比是显著的；在 5% 的置信水平下，资产负债率、现金比率和流动比率是显著的，从统计意义上说，资产负债率、现金比率对结果的显著性使得本书假设研究 H1、H5 得到了证实；而市值账面比、流动比率虽然对结果的影响显著，但是与我们的避免投资不足假说不符，说明研究假设 H2、H3、H4、H6 均未得到定量分析的证实（见表 4. 12）。

表 4. 12　　变量的回归结果

变量		系数	标准误差	z - Statistic	P 值
自变量	资产负债率	0. 0471 **	0. 0211	2. 2322	0. 0256
	利息保障倍数	-0. 0008	0. 00181	-0. 4254	0. 6705
	长期负债比率	0. 0049	0. 0189	0. 2605	0. 7945
	市盈率	-0. 0016	0. 0016	-1. 0475	0. 2949
	流动比率	-1. 3748 **	0. 5949	-2. 3111	0. 0208
	现金比率	1. 9850 **	0. 8228	2. 4126	0. 0158

续表

变量		系数	标准误差	z - Statistic	P 值
控制变量	营业收入增长率	-0.0473	0.2407	-0.1964	0.8443
	账面市值比	-0.6595***	0.1840	-3.5835	0.0003
	总资产额对数	-0.0597	0.0759	-0.7869	0.4313
	高管是否持股	0.7932	0.5555	1.4279	0.1533
	控制股东持股比率	0.0334	0.0223	1.4992	0.1338

注：***、** 分别表示回归系数在 1%、5% 的置信水平下显著。

4.6　小结

①本书在分析国内外企业使用衍生工具进行套期保值的理论基础上，收集 2007—2016 年间 A 股上市企业的财务数据，结合西方学者提出的企业套期保值动因的研究假设，运用 Logit 模型对我国企业进行套期保值的动因进行了实证分析，其中规模假说得到了实证检验验证，内部治理假说得到了实证检验的部分证实，这说明中国上市企业套期保值动因在部分原因上是与国外企业相一致的，但是与国外主流的动机——减少预期税收、降低财务危机、避免投资不足相比仍然存在差异。

②本书通过实证分析发现，上市企业管理层持股比例与企业套期保值行为呈显著负相关关系，这与西方学者在内部治理假说中提出的观点存在矛盾，即意味着 A 股上市企业管理层自利动机弱于西方市场的管理层，持有更多股份并不能促进其进行更多套期保值。本书认为这种情况的出现可能有以下几点原因：第一，研究样本中的国有企业管理层行为除了受到市场影响之外，更多受到行政因素的影响，行政影响因素的存在限制了管理层的自利行为的自由度；第二，在 A 股企业治理结构中，存在股票减持限制等控制持股高管自利的因素，持股越多限制越多，在这些限制因素的存在下，考虑到套利典型案例的广泛影响，套期

保值失败不仅有股票价格的损失，还有名誉的损失，持股高管层套期保值的风险大于可能获得的利润；第三，A 股管理层对企业经营和市场形势判断可能存在过度自信，相信自身可以通过趋势研判同时获得商品市场和衍生工具市场两方面的利润，在这样的情况下，持股比例越高，管理层越有动力进行投机套利而非套期保值。

③与 Logit 回归模型得到的企业套期保值行为决定因子相比，Tobit 模型获得的企业套期保值深度决定因子在套期保值决定因子的基础上增加了“避免投资不足动因”的代理变量。因此，西方学者提出的六种假说中的降低财务危机成本假说、避免投资不足假说、规模假说和内部治理假说相关因素都对企业套期保值行为深度产生了影响。

衍生工具本身是一个中性的工具，同时本书所提出的六类企业套期保值动因都是企业在正常经营过程中以稳定经营、提高收益为目的而存在的合理动机，然而在国外常见的企业套期保值动机在我国国内并不都存在，本书认为上述情况出现的原因有如下几点：第一，并非国内企业没有相应动机，而是中国的衍生工具市场相对西方国家成熟市场而言尚不健全，很多关键性的衍生工具没有推出，市场内没有满足企业需要的衍生工具，因而企业的套期保值动机被市场抑制，同时政策对于企业使用衍生工具套期保值要求严格，企业不能对冲全部风险；第二，由于市场起步晚，企业对于套期保值经验不足，市场上相关人才也不够多，企业及其对冲操作人员对衍生工具的理解认识程度不够，不能够正确运用工具进行套期保值；第三，政府往往认为企业操作能力不强，容易陷入投机，所以政府在推进市场发展的过程中也会有较多顾虑，很多市场需要的产品政府没有及时放开，在政府以稳定市场为出发点的过度保护下，反而使得企业在发展过程中得不到很好地锤炼。

第 5 章

套期保值对我国上市企业价值的影响研究

5.1　理论假设

企业的经营行为提升企业价值是一个长期过程，一项经营行为对企业价值是否会产生影响的研判也必须在一个较长的经济周期中进行。根据第 2 章文献所述，国内外学者对于企业套期保值行为对企业价值有无影响的研究存在不同的结论，这与以往研究的观察周期短、涉及行业较为单一有关。同时，本书发现不同学者对于不同行业的研究往往选择不同的经济周期，无法进行行业对比。

对于套期保值行为是否可以有效提升企业价值的研究虽然存在不同的观点，但大多研究结果表明企业利用套期保值工具可以有效降低企业经营过程中的绩效波动，从而提高企业价值。1958 年莫迪利安尼和米勒提出了 MM 理论，根据 MM 理论，由于市场是完美的，企业包含套期保值行为在内的任何财务决策都不会改变企业的价值。这与实际市场的不完美显然存在差异，由于扰动因素的存在，西方学者发现企业利用套期保值工具可以有效降低企业经营过程中的绩效波动，提高企业价值。具体而言，西方学者认为套期保值可以从税收因素、降低财务危机成本、帮助企业获得投资机会等方面提高企业价值。

（1）减少预期税收假说

税收分析理论认为企业使用衍生工具进行套期保值可以减少企业税负，提升企业价值。具体而言，企业使用套期保值工具能否提升企业价值取决于企业所面临的税负函数，当企业所面临的税负函数是凸函数时，由于税盾效应的存在，企业可以有效提高其收入的稳定性，而企业收入越稳定，越能减少企业的预期税负，越能吸引更多的债权人，越能提高企业的资产负债率，在税盾效应存在的情况下，企业的价值就会增加。

（2）降低财务危机成本假说

财务困境理论认为在资产负债率一定的情况下，企业承担确定的还本付息额，企业收入波动越大则企业面临无法还本付息进而陷入财务困境的可能性就越大，企业在这种考量下，使用套期保值工具可以有效降低收入波动进而提升企业价值，减少企业因为收入波动陷入破产困境的可能性。

（3）避免投资不足假说

避免投资不足假说认为，企业外部融资成本不同于企业的内源性融资成本，当企业收入波动较大不能匹配企业的投资机会时，企业不得不放弃可得的投资机会，若企业使用衍生工具套期保值，则可以稳定企业的收入，从而更好地利用相对外部融资成本更具优势的内源性融资来把握投资机会，从而增加企业价值。

通过以上分析，本书提出的研究假设是企业使用套期保值工具可以提高企业的价值。在一般财务理论中，描述企业价值的指标有每股收益、每股经营现金流量、总资产收益率和托宾 Q 值等，每个财务指标都可以从一定层面上描述企业价值，具体说明如下：

每股收益指标是企业税后利润与股本总数的比值，反映股东持有一股份额所能够获取的收益或应承担的亏损，每股收益越高说明企业所有者在企业税后利润中分得的收益越大，企业为股东创造价值的能力越强，该指标越大，企业的价值也就越大。因此，根据理论分析所提出的观点，即企业使用套期保值工具可以提高企业的价值，本书提出如下假设：

H1：企业使用衍生工具进行套期保值可以增加企业的每股收益。

每股经营现金流量主要反映了企业在生产经营活动过程中，不动用外部筹资的前提下，运用现金偿还负债、维持日常经营、对外进行项目投资的能力，一般来说企业的现金流量越大，其经营风险也就越低，获取有利投资机会的能力就越强，企业成长也就越好，因此可以说每股经营现金流量越高，企业的价值也就越大。类似于假设 H1 提出方式，本书提出如下假设：

H2：企业使用衍生工具进行套期保值可以增加企业的每股经营现金流量。

总资产收益率反映了企业每一个单位的资产创造利润的能力，反映了一个企业对于债务资金和股本资金的利用能力，该指标越高，说明企业利用单位资金创造收益的能力越强，同时也就意味着企业价值越大。类似于前文假设提出方式，本书提出如下假设：

H3：企业使用衍生工具进行套期保值可以增加企业的总资产收益率。

托宾 Q 是著名经济学家托宾提出来衡量企业价值的指标，托宾 Q 是企业市场价值与其重置成本的比值，这一个指标直接将企业价值计入计算公式，对于一个固定的企业而言，其重置成本往往是较为固定的，因此其市场价值越高，托宾 Q 值就越高，进一步而言，托宾 Q 指标越大，表明企业的经营效率越高，企业价值也就越大。类似于前文假设提出方式，本书提出如下假设：

H4：企业使用衍生工具进行套期保值可以增加企业的托宾 Q。

5.2　套期保值行为影响企业价值的实证分析

5.2.1　数据来源与变量定义

（1）数据来源

与第 4 章的数据来源一样，本书作者通过从巨潮网检索全部 A 股上市企业年度报告，并逐一对 2007—2016 年 A 股上市企业年度报告进行分析，以“套期保值”“衍生”“期货”“远期”“互换”“期权”

“CDO”“CDS”“NDF”等作为关键词，搜索相关套期保值信息，并根据第2章提出的方法对投资衍生工具的上市企业进行筛选和甄别，确定套期保值企业和投机套利企业，在此基础上对被解释变量即企业是否使用衍生工具数据进行了提取分析。对于A股上市企业2007—2016年间披露的、能够在现有数据库批量提取的数据，本书都是通过CSMAR和Wind数据库批量提取，相关变量包括每股收益、总资产收益率、每股经营现金流量、托宾Q值等。

（2）变量定义

①被解释变量。根据5.1节假设，本书选取A股上市企业总资产收益率、每股收益、每股经营现金流和托宾Q作为被解释变量。

②解释变量。衍生工具使用。使用衍生工具的代理变量采用虚拟变量，企业使用衍生工具为1，企业未使用衍生工具为0。

（3）控制变量

①企业财务风险。一般来说企业负债经营，有利于增加其税赋节余价值，进而增加企业的价值。但是企业过度的负债经营又会使企业面临较大的财务风险，所以合理的负债可以使企业在享受财务杠杆的好处的同时安全经营，提升其企业价值。本书采用资产负债率来衡量企业的财务风险。

②企业规模。国内很多的实证分析认为，企业的发展和其经营状况和企业的规模有着正的相关关系。一般来说企业的规模越大，其资金和实力也就越强，其抵抗风险的能力和外部融资的能力也就越强，企业越有价值。本书选用总资产的对数来衡量企业的规模。

③企业成长能力。企业的成长能力越强，其越具有价值，衡量企业的成长能力有三个指标：市盈率、营业收入增长率、账面市值比，一般来说这三个指标越大企业的成长能力越高，企业成长能力越高企业的价值越大。本章采用营业收入增长率作为企业成长能力的代理变量。

④股权集中程度。很多学者分析认为企业的股权集中程度与企业价

值之间存在正的相关关系，即企业股权集中度越高，企业价值越大，本书采用第一大股东持股比率，即控股股东持股比率作为企业股权集中程度的代理变量。

⑤企业经营风险。企业的经营风险和其资产构成有着直接的关系，企业的固定资产越大其固定成本越高，从而其经营风险越大，这会直接影响企业的经营效果，进而影响企业的价值，可以说企业固定资产比率越高，在同样的资产总量下，企业价值越小。本书采用固定资产净值与总资产的比值作为代理变量来衡量企业经营所面临的风险。

表 5.1 给出了解释变量和被解释变量的表示符号、衡量因素以及计算方法。

表 5.1　　一般企业解释变量的定义和度量标准

变量	衡量因素	名称	变量说明
Y_1	企业价值	每股收益率	
Y_2	企业价值	每股经营现金流量	
Y_3	企业价值	总资产收益率	
Y_4	企业价值	托宾 Q 值	
D	衍生工具使用情况	衍生工具使用的虚拟变量	否 = 0；是 = 1
X_1	企业财务风险	资产负债率	负债总额/资产总额；合理的负债可以提升企业价值
X_2	企业规模	总资产的对数	总资产的对数；企业规模越大，企业价值越大
X_3	企业成长能力	营业收入增长率	（本期营业收入 − 上期营业收入）/上期营业收入；企业成长能力越高，企业价值越大
X_4	股权集中程度	控股股东持股比率	第一大股东持股数量/总股本；股权集中度越高，企业价值越大
X_5	企业经营风险	固定资产比值	固定资产/总资产；企业经营风险越大，企业价值越小

5.2.2 描述性统计和相关性分析

（1）描述性统计分析

表5.2给出了308家企业构成的样本组和另外308家企业构成的对照组合的总样本企业的描述性统计分析结果，表5.3和表5.4分别给出了样本组和对照组的描述性统计分析结果。

表5.2 总体样本企业描述性统计表

变量	平均值	中位数	标准差
Y_1	0.2965	0.1261	0.6067
Y_2	0.4201	0.0766	3.2981
Y_3	0.0316	0.0164	0.5943
Y_4	1.4425	0.8422	2.0348
X_1	0.3327	0.3293	0.2861
X_2	22.1197	21.8249	1.6347
X_3	0.2383	0.0000	3.0822
X_4	26.9352	26.7600	21.4333
X_5	0.1675	0.1309	0.1783

表5.3 运用衍生工具企业描述性统计表

变量	平均值	中位数	标准差
Y_1	0.4008	0.3096	0.6506
Y_2	0.4671	0.3960	1.4450
Y_3	0.0374	0.0328	0.0479
Y_4	1.3929	1.1082	1.2002
X_1	0.5335	0.5517	0.2002
X_2	22.8023	22.4749	1.7843
X_3	0.4824	0.1088	5.7425
X_4	39.0819	39.3800	16.2370
X_5	0.2447	0.2093	0.1692

表 5.4　　未运用衍生工具企业描述性统计表

变量	平均值	中位数	标准差
Y_1	0.2630	0.0517	0.5883
Y_2	0.4050	0.0000	3.7017
Y_3	0.0297	0.0079	0.0626
Y_4	1.4585	0.6238	2.2380
X_1	0.2682	0.2217	0.2796
X_2	21.7727	21.5021	1.4340
X_3	0.1600	0.0000	1.3980
X_4	23.2342	22.6700	21.4584
X_5	0.1427	0.0894	0.1741

通过表 5.2、表 5.3 和表 5.4 可以看出：

使用衍生工具进行套期保值的样本组每股收益均值为 0.4008，大于对照组的每股收益均值 0.2630，这与假设 H1 提出的企业使用衍生工具进行套期保值可以增加企业的每股收益是一致的。

使用衍生工具进行套期保值的样本组每股经营现金流量均值为 0.4671，大于对照组的每股收益均值 0.4050，这与假设 H2 提出的企业使用衍生工具进行套期保值可以增加企业的每股经营现金流量是一致的。

使用衍生工具进行套期保值的样本组总资产收益率均值为 0.0374，大于对照组的每股收益均值 0.0297，这与假设 H3 提出的企业使用衍生工具进行套期保值可以增加企业的总资产收益率是一致的。

使用衍生工具进行套期保值的样本组得托宾 Q 值均值为 1.3929，小于对照组托宾 Q 值的均值 1.4585，这与假设 H4 提出的企业使用衍生工具进行套期保值可以增加企业的托宾 Q 相矛盾。

在以上四个衡量企业价值的代理变量中，使用衍生工具进行套期保值的企业有三个变量的均值大于未使用企业衍生工具的企业变量均值，但是用于衡量企业价值的经典变量托宾 Q 值意外地出现了与假设不一致的情况。描述性统计只是给出了一个粗略的印象，准确的结果需要通过回归分析来说明。

（2）相关性分析

解释变量之间的简单相关系数如表5.5所示。

表5.5 解释变量相关性

	D	X_1	X_2	X_3	X_4	X_5
D	1.0000					
X_1	0.2206	1.0000				
X_2	0.2966	0.4973	1.0000			
X_3	0.0296	0.0537	0.0232	1.0000		
X_4	0.1121	0.0791	0.1859	0.0342	1.0000	
X_5	0.0508	0.1031	0.0279	-0.0271	0.0452	1.0000

通过表5.5可以看出，各个解释变量之间的相关系数都小于0.5，不存在变量之间的多重共线问题，可以直接进行回归分析。

5.2.3 实证模型与回归分析

（1）模型设计

本书使用面板数据模型对样本进行回归，主要采用变截距模型和混合回归模型对模型进行回归。通过 Eviews8.0 对混合模型、变截距固定效应模型和变截距随机效用模型进行比较的基础上，选择最合适的模型对样本数据进行回归。由于存在截面数据造成的异方差问题，采用 GLS 估计方法对模型进行估计来解决此问题。具体模型如下：

$$Y_i = \beta_0 + \beta_1 D_i + \sum_{j=1}^{n} \lambda_i X_{ji} + \varepsilon_i \tag{5.1}$$

其中，Y_i代表企业的价值的被解释变量；D_i为虚拟变量；X_{ji}代表影响企业价值的其他解释变量；主要通过β_1是否显著大于零来检验企业使用衍生工具对企业价值的影响，如果β_1显著大于零，且通过了T检验，那么可以认为企业使用衍生工具对企业价值具有正的影响，反之亦然。

（2）回归结果分析

对四个不同的被解释变量分别进行回归分析，结果如表 5.6 所示。

表 5.6　　回归结果分析

	变量	系数	标准差	T 值	P 值
（模型一）以每股收益作为因变量进行回归分析	D	-0.0621	0.0088	-7.0624	0.0000
	X_1	-0.6003	0.0198	-30.3235	0.0000
	X_2	0.1184	0.0029	40.8712	0.0000
	X_3	0.0190	0.0011	17.4783	0.0000
	X_4	0.0031	0.0003	11.9249	0.0000
	X_5	-0.4098	0.0233	-17.5777	0.0000
	R - squared = 0.962　F = 475.36				
（模型二）以每股经营现金流量作为因变量进行回归分析	D	-0.6726	0.0517	-13.0115	0.0000
	X_1	0.4534	0.1164	3.8963	0.0001
	X_2	0.4940	0.0170	29.0029	0.0000
	X_3	0.0127	0.0064	1.9902	0.0466
	X_4	-0.0165	0.0015	-10.8378	0.0000
	X_5	-0.1580	0.1371	-1.1527	0.2491
	R - squared = 0.4536　F = 84.81				
（模型三）以总资产收益率作为因变量进行回归分析	D	-0.0043	0.0008	-5.1874	0.0000
	X_1	-0.1138	0.0019	-61.2521	0.0000
	X_2	0.0050	0.0003	18.5427	0.0000
	X_3	0.0012	0.0001	11.9579	0.0000
	X_4	0.0005	0.0000	20.4805	0.0000
	X_5	-0.0348	0.0022	-15.9032	0.0000
	R - squared = 0.158　F = 837.86				
（模型四）以托宾 Q 值作为因变量进行回归分析	D	-0.0621	0.0088	-7.0624	0.0000
	X_1	-0.6003	0.0198	-30.3235	0.0000
	X_2	0.1184	0.0029	40.8712	0.0000
	X_3	0.0190	0.0011	17.4783	0.0000
	X_4	0.0031	0.0003	11.9249	0.0000
	X_5	-0.4098	0.0233	-17.5777	0.0000
	R - squared = 0.2025　F = 1131.402				

在表 5.6 中，对于模型一，以每股收益作为被解释变量，根据 Hausman 检验选择个体随机效应模型进行回归。该模型中 R - squared 为 0.962，F 值为 475.36，说明模型拟合程度较好，整体上是显著的。根据回归模型结果，企业使用衍生工具套期保值变量系数为负值，且通过 T 检验，这意味着企业运用衍生工具套期保值没有提高企业的每股收益，这与假设 H1 矛盾。

对于模型二，以每股经营现金流量作为被解释变量，根据 Hausman 检验选择个体随机效应模型进行回归。该模型中 R - squared 为 0.4536，F 值为 84.81，说明模型拟合程度较好，整体上是显著的。根据回归模型结果，企业使用衍生工具套期保值变量系数为负值，且通过 T 检验，表明企业运用衍生工具套期保值没有提高企业的每股经营现金流量，这与假设 H2 矛盾。

对于模型三，以总资产收益率作为被解释变量，根据 Hausman 检验选择个体随机效应模型进行回归。该模型中 R - squared 为 0.158，F 值为 837.86，说明模型拟合程度较好，整体上是显著的。根据回归模型结果，企业使用衍生工具套期保值系数为负值，且通过 T 检验，说明企业使用衍生工具套期保值没有提高企业的总资产收益率，这与假设 H3 矛盾。

对于模型四，以托宾 Q 值作为被解释变量，根据 Hausman 检验选择个体随机效应模型进行回归。该模型中 R - squared 为 0.2025，F 值为 1131.402，说明模型拟合程度较好，整体上是显著的。根据回归模型结果，企业使用衍生工具套期保值系数为负值，且通过 T 检验，说明企业使用衍生工具套期保值没有提高企业的托宾 Q 值，这与假设 H4 矛盾。

（3）对比分析

将以上四个模型的回归结果进行对比分析可以看出，无论是使用每股收益、每股经营现金流量、总资产收益率还是托宾 Q 值作为企业价值的代理变量，在其他变量不变的情况下，企业使用衍生工具进行套期保值与企业价值呈负相关关系，这个负面影响在统计意义上是显著的，这说明我国企业使用衍生工具进行套期保值降低了企业价值。

从四个模型中我们还可以看出，以每股收益、每股经营相近流量、总资产收益率和托宾 Q 值作为企业价值的代理变量，在其他变量不变的情况下，总资产的对数、营业收入增长率与企业价值呈正相关关系，且在统计意义上显著。这验证了企业的规模越大，其资金和实力也就越强，企业越有价值；企业的成长能力越强，企业的价值越大。同时，模型验证了在其他变量不变的情况下，企业固定资产比值与企业价值呈负相关关系，且在统计意义上显著，这验证了企业固定资产比率越高，在同样的资产总量下，企业价值越小。

此外，在回归模型中还引入了资产负债率和第一大股东控股比率分别作为衡量企业财务风险和股权集中程度的代理变量，从回归结果来看，模型一、模型三、模型四的回归结果显示资产负债率与企业价值呈负相关关系，在统计意义上显著，模型二结论与其他三个模型相反；模型一、模型三、模型四的回归结果显示第一大股东控股比率与企业价值呈正相关关系，在统计意义上显著，模型二结论与其他三个模型相反，虽然这种不一致从统计意义上未能够完全验证相关学者提出的观点。考虑到衡量企业价值指标本身之间的差异性，本书认为四个模型的回归结果仍然从一定程度上说明了资产负债率对企业价值有一定的负面影响，第一大股东控股比率对企业价值有正面影响，这种影响的评价因我们选取用于观察企业价值的衡量指标的不同而不同。

5.3　套期保值深度对企业价值的影响的实证分析

5.3.1　数据来源与变量定义

（1）数据来源

与 5.2 节的数据来源一样，本节的数据来源也是上市企业年度报告和 CSMAR、Wind 数据库，手动搜索和确定了企业使用衍生工具套期保值的损益，对能够批量提取的数据进行了批量提取。

（2）变量定义

参考 5.2 节的模型和方法，本节以套期保值深度（D）替代模型中的套期保值虚拟变量作为解释变量，以企业的资产负债率（X_1）、总资产对数（X_2）、营业收入增长率（X_3）、控股股东持股比率（X_4）和固定资产（X_5）比值作为控制变量，分别以表示企业价值的每股收益率（Y_1）、每股经营现金流量（Y_2）、总资产收益率（Y_3）和托宾 Q 值（Y_4）作为被解释变量进行回归分析。

5.3.2 描述性统计和相关性分析

（1）描述性统计

表 5.7 给出了 308 家企业构成的样本组的描述性统计分析结果。

表 5.7　　描述性统计表

变量	平均值	中位数	标准差
D	0.132	0.024	0.286
Y_1	0.401	0.310	0.651
Y_2	0.467	0.396	1.445
Y_3	0.037	0.033	0.048
Y_4	1.393	1.108	1.200
X_1	0.533	0.552	0.200
X_2	22.802	22.475	1.784
X_3	0.482	0.109	5.742
X_4	39.082	39.380	16.237
X_5	0.245	0.209	0.169

（2）相关性分析

解释变量之间的简单相关系数如表 5.8 所示。

表 5.8　　解释变量相关系数

	D	X_1	X_2	X_3	X_4	X_5
D	1.000					
X_1	0.010	1.000				
X_2	-0.006	0.252	1.000			
X_3	-0.001	0.022	-0.004	1.000		
X_4	-0.005	-0.004	0.169	0.050	1.000	
X_5	-0.015	0.003	-0.049	-0.005	0.088	1.000

通过表 5.8 可以看出，各个解释变量之间的相关系数都不大于 0.5，不存在变量之间的多重共线问题，可以直接进行回归分析。

5.3.3　回归分析

这里使用面板数据模型对样本进行回归，利用固定效应模型对样本数据回归结果如表 5.9 所示。

表 5.9　　回归结果

	变量	系数	标准差	T 值	P 值
（模型一）以每股收益作为因变量进行回归分析	D	-0.00001	0.00001	-1.4059	0.1598
	X_1	-0.4394	0.0162	-27.1644	0.0000
	X_2	0.0961	0.0025	37.8091	0.0000
	X_3	0.0070	0.0006	12.1063	0.0000
	X_4	0.0002	0.0003	0.5480	0.5837
	X_5	-0.8176	0.0252	-32.4043	0.0000
	R - squared = 0.3752　F = 209.75				
（模型二）以每股经营现金流量作为因变量进行回归分析	D	-0.000004	0.00001	-0.3255	0.7448
	X_1	-0.0683	0.0365	-1.8719	0.0612
	X_2	0.2145	0.0057	37.4383	0.0000
	X_3	0.0112	0.0013	8.6330	0.0000
	X_4	-0.0016	0.0007	-2.4279	0.0152
	X_5	0.8001	0.0569	14.0673	0.0000
	R - squared = 0.2973　F = 113.22				

续表

	变量	系数	标准差	T 值	P 值
（模型三）以总资产收益率作为因变量进行回归分析	D	-0.0000003	0.0000007	-0.4940	0.6213
	X_1	-0.0922	0.0022	-42.7939	0.0000
	X_2	-0.0007	0.0003	-1.9934	0.0462
	X_3	0.0004	0.0001	4.9224	0.0000
	X_4	0.0002	0.0000	5.7258	0.0000
	X_5	-0.0643	0.0034	-19.1225	0.0000
	R - squared = 0.3273　F = 161.12				
（模型四）以托宾 Q 值作为因变量进行回归分析	D	-0.00002	0.00001	-1.8406	0.0657
	X_1	-0.0423	0.0353	-1.1981	0.2309
	X_2	-0.3914	0.0056	-70.3900	0.0000
	X_3	-0.0017	0.0013	-1.3558	0.1752
	X_4	0.0011	0.0006	1.7114	0.0870
	X_5	-0.2868	0.0552	-5.1980	0.0000
	R - squared = 0.1706　F = 365.87				

根据表 5.9 的结果可以看出：对于模型一，以每股收益作为被解释变量，根据 Hausman 检验选择固定效应模型对样本数据进行回归。该模型中 R - squared 为 0.3752，F 值为 209.75，说明模型拟合程度较好，整体上是显著的。根据回归模型结果，企业投资衍生工具的套期保值深度变量系数为负值，但是并没有通过 T 检验。

对于模型二，本书以每股经营现金流量作为被解释变量，根据 Hausman 检验选择固定效应模型对样本数据进行回归。该模型中 R - squared 为 0.2973，F 值为 113.22，说明模型拟合程度较好，整体上是显著的。根据回归模型结果，企业投资衍生工具的套期保值深度变量系数为负值，但是并没有通过 T 检验。

对于模型三，本书以总资产收益率作为被解释变量，根据 Hausman 检验选择固定效应模型对样本数据进行回归。该模型中 R - squared 为 0.3273，F 值为 161.12，说明模型拟合程度较好，整体上是显著的。根据回归模型结果，企业投资衍生工具的套期保值深度变量系数为负值，但是并没有通过T检验。

对于模型四，本书以托宾Q值为被解释变量，根据Hausman检验选择固定效应模型对样本数据进行回归。该模型中 R - squared 为0.1706，F值为365.87，说明模型拟合程度较好，整体上是显著的。根据回归模型结果，企业使用衍生工具套期保值深度系数为负值，且通过T检验，说明企业的套期保值深度与企业的托宾Q值存在负相关关系。

在以上回归结果中，企业套期保值深度与企业每股收益、每股经营现金流量、总资产收益率和托宾Q值之间的回归系数都小于零，说明套期保值深度对企业价值的影响仍然是负面的。为了进一步分析套期保值深度与套期保值行为对企业价值的影响是否有明显差异，这里对比分析了四个模型中解释变量的系数，具体比较结果如表5.10所示。

表5.10 套期保值行为与套期保值深度回归结果对比

	套期保值行为			套期保值深度			系数差值
	系数	T值	P值	系数	T值	P值	深度 - 行为
（模型一）每股收益	-0.0621	-7.0624	0.0000	-0.000010	-1.4059	0.1598	0.0621
（模型二）每股现金流量	-0.6726	-13.0115	0.0000	-0.000004	-0.3255	0.7448	0.6726
（模型三）总资产收益率	-0.0043	-5.1874	0.0000	0.000000	-0.4940	0.6213	0.0043
（模型四）托宾Q	-0.0621	-7.0624	0.0000	-0.000020	-1.8406	0.0657	0.0621

对比套期保值行为与套期保值深度作为解释变量的回归结果发现：套期保值深度作为解释变量的模型一对每股收益0.0621单位提升；模型二套期保值深度对每股经营现金流有0.6726单位提升；模型三对总资产收益率有0.0043单位提升；模型四对托宾Q提升0.0621单位提升。由此可以说明，套期保值行为虽然从数据上微弱降低了企业价值，但是套期保值程度越多对企业的价值的正向拉高越明显；此结论和前文描述性统计中使用衍生工具进行套期保值的样本企业价值指标中每股收益、每股经营现金流量和总资产收益率的均值都是大于未进行套期保值

的对照组企业的结论一致。

从套期保值行为和套期保值深度对企业价值的影响实证分析结果可以看出，套期保值都会降低企业价值，这与套期保值的理论上能稳定企业经营、提升企业价值的结果不一致。为此，这里分析了 2007 年至 2016 年每一年度所识别出来的使用衍生工具套期保值的企业数量（见表 5. 11）。可以看出在这 10 年中，虽然使用衍生工具进行套期保值的企业数量从 2007 年的 38 个增长到了 2016 年的 133 个，侧面反映出大量企业意识到套期保值对冲风险的重要作用，纷纷进入市场开展套期保值，但是在所有开展套期保值的企业中，每一年套期保值高度有效的企业所占比例并没有随着企业套期保值行为增加而增加。从 2007 年至 2016 年，虽然高度有效套期保值企业数量的绝对值是增加的，但是高度有效套期保值企业比例从 18. 4% 左右下降到了 2013 年 10. 1% 然后又逐步上升，上升至与 2007 年相近的水平，平均值 15. 13% 。因此，我们认为企业套期保值行为导致企业价值数据上的微弱下降可能与套期保值高度有效性不足有一定关系。

表 5. 11　　2007—2016 年高度有效套期保值企业

年度	套期保值企业数量	高度有效套期保值企业数量	高度有效套期保值比例
2007	38	7	0. 1842
2008	48	9	0. 1875
2009	62	8	0. 1290
2010	90	15	0. 1667
2011	111	15	0. 1351
2012	93	11	0. 1183
2013	108	11	0. 1019
2014	133	25	0. 1879
2015	113	23	0. 2035
2016	136	24	0. 1764

5.4　稳健性检验

（1）套期保值对企业价值影响的稳健性检验

按照稳健性检验的一般方法，本书使用产权比率替换本章前文模型中的资产负债率，将企业套期保值行为虚拟变量（D）、产权比率（X_1）、总资产对数（X_2）、营业收入增长率（X_3）、控股股东持股比率（X_4）和固定资产（X_5）比值作为自变量，分别以表示企业价值的每股收益率（Y_1）、每股经营现金流量（Y_2）、总资产收益率（Y_3）和托宾Q值（Y_4）作为因变量进行回归，回归结果如表 5.12 所示。

表 5.12　　套期保值行为对企业价值影响的稳健性检验

	变量	系数	标准差	T 值	P 值
（模型一）以每股收益作为因变量进行回归分析	D	-0.0829	0.0090	-9.2473	0.0000
	X_1	-0.4472	0.0154	-28.9980	0.0000
	X_2	0.0983	0.0024	40.4142	0.0000
	X_3	0.0070	0.0005	12.7008	0.0000
	X_4	0.0002	0.0003	0.8590	0.3903
	X_5	-0.8191	0.0240	-34.0979	0.0000
	R - squared = 0.208　F = 209.2				
（模型二）以每股经营现金流量作为因变量进行回归分析	D	-0.1209	0.0202	-5.9768	0.0000
	X_1	-0.0797	0.0348	-2.2910	0.0220
	X_2	0.2177	0.0055	39.6807	0.0000
	X_3	0.0112	0.0012	9.0502	0.0000
	X_4	-0.0015	0.0006	-2.3633	0.0181
	X_5	0.7979	0.0542	14.7213	0.0000
	R - squared = 0.2608　F = 112.12				

续表

	变量	系数	标准差	T 值	P 值
（模型三）以总资产收益率作为因变量进行回归分析	D	-0.0080	0.0012	-6.6831	0.0000
	X_1	-0.0930	0.0021	-45.2166	0.0000
	X_2	-0.0005	0.0003	-1.4436	0.1489
	X_3	0.0004	0.0001	5.1559	0.0000
	X_4	0.0002	0.00004	6.2121	0.0000
	X_5	-0.0644	0.0032	-20.1164	0.0000
	R - squared = 0.1842　F = 159.24				
（模型四）以托宾 Q 值作为因变量进行回归分析	D	-0.2450	0.0196	-12.5271	0.0000
	X_1	-0.0652	0.0337	-1.9380	0.0526
	X_2	-0.3851	0.0053	-72.5167	0.0000
	X_3	-0.0017	0.0012	-1.4475	0.1478
	X_4	0.0013	0.0006	2.1849	0.0289
	X_5	-0.2912	0.0525	-5.5500	0.0000
	R - squared = 0.17　F = 366.23				

通过以上回归分析，可以看出回归结果与前文分析结果是一致的，企业套期保值行为对企业价值存在负面影响。

（2）套期保值深度对企业价值影响的稳健性检验

同样按照稳健性检验的一般方法，与前文类似地使用产权比率替换本章5.3节相应模型中的资产负债率，将企业套期保值深度变量（S）、产权比率（X_1）、总资产对数（X_2）、营业收入增长率（X_3）、控股股东持股比率（X_4）和固定资产（X_5）比值作为自变量，分别以表示企业价值的每股收益率（Y_1）、每股经营现金流量（Y_2）、总资产收益率（Y_3）和托宾 Q 值（Y_4）作为因变量进行回归，回归结果如表5.13所示。

通过以上稳健性检验，可以看出企业套期保值深度与企业每股收益、每股经营现金流量、总资产收益率和托宾 Q 值之间的回归系数都小于零，从统计角度看，套期保值深度与每股收益、每股经营现金流量这三个变量之间的负相关关系并不显著，与托宾 Q 值的负相关关系在统计意义上显著，结果与前文一致。

表 5.13 套期保值深度对企业价值影响的稳健性检验

	变量	系数	标准差	T 值	P 值
（模型一）以每股收益作为因变量进行回归分析	S	-0.000007	0.000005	-1.3986	0.1620
	X_1	-0.4408	0.0162	-27.2028	0.0000
	X_2	0.0970	0.0026	37.8088	0.0000
	X_3	0.0070	0.0006	12.1128	0.0000
	X_4	0.0002	0.0003	0.7970	0.4254
	X_5	-0.8173	0.0253	-32.2783	0.0000
	R - squared = 0.196 F = 174.27				
（模型二）以每股经营现金流量作为因变量进行回归分析	S	-0.000004	0.000012	-0.3044	0.7608
	X_1	-0.0887	0.0358	-2.4748	0.0133
	X_2	0.2048	0.0057	36.1007	0.0000
	X_3	0.0112	0.0013	8.7785	0.0000
	X_4	-0.0009	0.0006	-1.4177	0.1563
	X_5	0.8514	0.0560	15.2053	0.0000
	R - squared = 0.255 F = 109.81				
（模型三）以总资产收益率作为因变量进行回归分析	S	-0.0000003	0.000001	-0.4714	0.6374
	X_1	-0.0944	0.0021	-44.1581	0.0000
	X_2	-0.0002	0.0003	-0.7027	0.4823
	X_3	0.0004	0.0001	5.0758	0.0000
	X_4	0.0002	0.0000	5.5515	0.0000
	X_5	-0.0652	0.0033	-19.5041	0.0000
	R - squared = 0.236 F = 189.76				
（模型四）以托宾 Q 值作为因变量进行回归分析	S	-0.00002	0.00001	-1.8335	0.0667
	X_1	-0.0563	0.0354	-1.5909	0.1116
	X_2	-0.3913	0.0056	-69.8328	0.0000
	X_3	-0.0017	0.0013	-1.3160	0.1882
	X_4	0.0010	0.0006	1.6166	0.1060
	X_5	-0.2977	0.0553	-5.3822	0.0000
	R - squared = 0.202 F = 179.23				

5.5 小结

本章通过对A股全部上市企业进行筛选，对挑选出的308家使用过衍生工具进行套期保值的样本上市企业和同一数量的对照组上市企业的2007—2016年相关数据进行统计分析，从一个较长周期对我国企业进行套期保值对企业价值的影响进行了实证分析，发现企业套期保值行为与企业每股收益、每股经营现金流量、总资产收益率和托宾Q值之间存在负相关关系，且在统计意义上显著；通过对比描述性统计和回归分析结论的差异，探究了两种统计方法结论的内在一致性，进而得到了以下结论：

①在研究期间，企业套期保值行为微弱降低了企业价值。

②在研究期间内，不同的套期保值深度对企业价值有正向的拉升作用。

在本章的最后，结合前文，本书进一步分析了导致企业套期保值降低企业价值的原因，即在2007—2016年间，由于所研究的A股上市企业的套期保值高度有效性不足，使得企业套期保值行为对其价值产生了一定的微弱下降。

第 6 章

套期保值对我国上市企业风险的影响研究

6.1　理论假设

6.1.1　套期保值与企业风险研究假设

从理论上看，套期保值工具作为一种风险管理工具，帮助企业规避风险是其赖以存在和发展的基础，企业运用衍生工具可以管理其面临的系统性风险、商品价格风险、汇率风险、利率风险以及股票价格风险，因此套期保值行为应该能降低企业的系统风险。在非系统风险变化不大的情况下，进而降低企业的总风险。

因此本书提出如下假设：

H1：企业运用衍生工具套期保值可以降低企业总风险；

H2：企业运用衍生工具套期保值可以降低企业的系统风险。

6.1.2　套期保值行为与股价崩盘风险研究假设

（1）套期保值行为与股价崩盘风险

对于套期保值，国内外进行相关研究的文献很多，但主要集中在套期保值对企业价值的影响等方面，对于企业的套期保值行为是否能够有效降低企业股票价格崩盘风险，无论是衍生工具发展较为成熟的西方还是在我国，相关研究都涉及比较少。2007 年以来，中国衍生工具市场在逐步发展，同时中国股票市场也在此期间经历了多个“牛熊周期”，这为探讨企业套期保值行为对企业股价的影响提供了非常好的研究背景。

股票价格是企业内在价值的市场体现，由于市场的不完全性，股票的价格并不能够充分体现每一股所代表的企业内在价值，往往表现为企业股票价格围绕企业内在均衡价值上下波动。从长期来看决定企业股票价格的是企业的内在价值，短期来看影响企业股票价格表现的往往是市场信息及根据及时信息作出反应的交易行为。

通过对已有理论的梳理，企业套期保值行为可以分别从影响企业价值和市场信息两个方面对企业股票价格产生影响，分别如下：

①套期保值对股价影响的价值分析视角。根据前文分析，西方学者分别提出了减少预期税收假说、降低财务危机成本假说和避免投资不足假说提出套期保值可以从税收因素、降低财务危机成本、帮助企业获得投资机会等几个方面提高企业价值，而股票价格是企业价值的体现，这就意味着企业的套期保值行为可以通过提升企业价值，减少其面临股票价格崩盘的风险。

②套期保值对股价影响的信息传递视角。DeMarzo（1995）、Breeden和Vishwanathan（1998）、Meftehwali S（2005）等学者提出了对使用衍生工具能够提高信息透明度，上市企业可以通过套期保值等行为进行风险对冲，从而可以降低传递企业管理层能力的信号中的“噪音”，提升信息传递的有效性，降低信息不对称，提高各方参与者所面临交易环境中的信息传递效率，增强投资者对管理层创造价值的能力的认识，减少投资者过度自信、信息获取成本、投资者间的异质信念以及管理层隐瞒的不利信息数量，套期保值这一对冲行为可以通过降低信息不对称从而减少股价崩盘风险。邱琼、顾晓安等（2016）认为，使用衍生工具可以有效地提高企业的财务风险管理水平，这将有助于财务报表使用者对已经使用了衍生工具的企业的财务风险做出更为准确的判断。

套期保值行为是企业经营活动中一项重要的经营决策。学者对套期保值行为和企业股票价格崩盘均进行了较多研究，然而各类研究均未对企业的套期保值行为与股票价格提供直接的经验证据，企业套期保值这一行为是否对企业股票价格产生影响，这种影响如果存在，究竟是通过何种方式进行，哪种方式更具有解释力？

从套期保值对股价影响的价值分析视角来看，套期保值行为与股价之间存在着“套期保值—企业价值—股票价格”这样一条长期的传导路径，从西方学者的研究结果看，企业的套期保值行为无论是通过稳定企业经营，降低企业财务风险，还是使得企业能够把握投资机会，都能够帮助企业提升价值，然而在本书第 5 章的实证分析中发现，中国 A 股上市企业套期保值行为（2007—2016 年）并未出现西方学者理论中描述的提升企业价值的情况，反而在一定程度上降低了企业的价值，但本书并不认为这意味着套期保值行为对 A 股上市企业价值的负面影响提高了股价的崩盘风险，因为在现实的资本市场中，往往存在两种不容忽视的现象：第一，股票将崩盘的时间非常短，这一点从 2017 年 3 月 24 日辉山乳业股票价格急剧下挫就可以看出来，其市值在不到一个半小时内失去 85%，蒸发逾 320 亿港元，在股票价格崩盘的极短时间内，企业本身的价值往往不会发生重大变化，从这个角度来看，企业价值的变化对股票价格更多体现的是一种长期影响，信息不对称性的存在、信息传递的迅速性和广泛性的特点与股价崩盘的瞬时性更加契合；第二，不同企业股价波动往往跟随大盘存在一致性，很多时候存在很多企业股票价格在同一时间段上演同步下跌，这并不意味着企业价值的同步波动，而更多是信息传递因素对广大投资者的共同影响所造成的。

综上所述，本书认为从套期保值对股价影响的信息传递视角分析才是一个合理的分析 A 股上市企业股价崩盘风险的路径，即企业套期保值行为对冲了信息传递中的“噪音”，降低了信息不对称，也就降低了企业股票价格崩盘风险。

（2）研究假设

本书以 2007—2016 年中国 A 股上市企业为样本，研究企业套期保值行为对企业股票价格的影响及其作用机理。第一，从过去中国股票市场情况来看，虽然各类企业相关信息披露在逐渐完善，但是从代理理论角度来看，信息不对称现象仍然广泛存在，股票价格崩盘风险更高，同时本书所研究的这一时期中国股市经历了一个典型的“牛熊周期”，这一周期的股价表现也为股价崩盘研究提供了很好的数据样本；第二，伴随中国资本市场的发展和波动，中国衍生工具市场也在不断发展，不断完善，在研究的 10 年样本周期内，上市企业利用衍生工具进行套期保值也更加频繁，进一步从企业微观层面提供了可以研究的数据样本。

国内外许多学者通过研究发现，信息透明度与股价崩盘有着紧密关系，在文献综述部分提到的 Jin 和 Myers（2006）提出了“信息隐藏假说”，指出资本市场建设较为落后的国家，由于会计体系不健全，信息披露不完整，股市崩盘的概率明显高于西方发达国家的资本市场。由于信息不完全，当一个企业面临经营问题的时候，企业的管理者倾向于隐瞒坏消息释放好消息，当坏消息积累到一定的临界点无法继续隐瞒的时候，突然大量坏消息的释放导致企业股价急剧下挫，形成崩盘，辉山乳业事件就是一个典型案例。Hutton 等（2009）用 1990—2005 年通过对美股上市企业的研究，从企业个股的层面证明了企业股票价格崩盘的风险与会计信息透明度负相关。此外，国内学者潘越等（2011）以 A 股上市企业的数据为样本，有力证明了股价崩盘与信息透明度之间的负相关关系。因此，根据前文所述的 DeMarzo（1995）、Breeden 和 Vishwanathan（1998）等学者的研究，本书提出如下假设：

H3：企业运用衍生工具套期保值通过提高企业信息的透明度降低上市企业股价崩盘风险。

6.2 套期保值行为与企业风险关系的实证分析

6.2.1 样本选择与数据来源

本节样本选择与本书第 4 章的方法一样，分为样本组和对照组，各 308 家企业。数据来源与第 4 章一样，分别来自上市企业年度报告和 CSMAR、WIND 两个数据库。

6.2.2　变量界定及描述

（1）被解释变量

这里被解释变量为企业风险，参照已有的研究方法，本书分别选取企业个股日收益率的标准差和上市企业年度 Beta 值来代表企业所面临的总风险和系统风险。

①个股日收益率的标准差计算方法。首先，按照下面的公式（6.1）计算出每日收益率，然后计算出每日收益率的标准差。

$$r_{n,t} = \frac{P_{n,t}(1+F_{n,t})C_{n,t}+D_{n,t}}{P_{n,t-1}+C_{n,t}S_{n,t}K_{n,t}} - 1 \tag{6.1}$$

其中：$P_{n,t}$为股票 n 在 t 日的收盘价；

$P_{n,t-1}$为股票 n 在 t 日的收盘价；

$D_{n,t}$为股票 n 在 t 日为除权日时的每股现金分红；

$F_{n,t}$为股票 n 在 t 日为除权日时的每股红股数；

$S_{n,t}$为股票 n 在 t 日为除权日时的每股配股数；

$K_{n,t}$为股票 n 在 t 日为除权日时的每股配股价格；

$C_{n,t}$为股票 n 在 t 日为除权日时的每股拆细数。

②Beta 值的计算方法。参照已有的研究方法，本书用第 i 只股票在 t 时刻的回报率r_{it}作为解释变量，按照公式$r_{it}=\alpha_i+\beta_i r_{mt}+\varepsilon_{it}$，以沪深市场对应时间的市场回报率$r_{mt}$为自变量，以股票 i 每一年所有交易日的样本数据进行回归分析，获得当年的β_i即为企业 Beta 值。

（2）解释变量

以企业是否使用衍生工具构建虚拟变量 H，与前文一致，当 H 等于 1 时表示企业凭借衍生工具套期保值，否则 H 的值等于 0。

（3）控制变量

①企业规模：一般来说规模大的企业抵抗各方面风险的能力强，规模小的企业抵抗风险的能力弱，因此本书使用企业总资产对数作为企业规模的代理变量。

②财务稳健性：一般来说长期负债比率越高，企业陷入财务危机的可能性就越高，而利息保障倍数越高，企业财务越稳健，企业陷入财务危机的可能性就越低，因此本书使用利息保障倍数作为企业财务稳健性的代理变量。

③债务风险：企业负债比率越高，其债务风险就越大，本书以资产负债率作为企业债务风险的代理变量。

④流动性：企业流动性越强，越有利于降低企业面临的各类不确定性风险，本书使用流动比率作为企业流动性的代理变量。

⑤盈利性：从总体上看，企业盈利能力越强，面临的风险越小，本书使用企业的总资产回报率作为企业盈利能力的代理变量。

⑥成长性：从理论上看成长性好的企业有着更好的发展前景，有着较强的盈利能力，从国内目前的融资环境看，成长性较好企业债务融资更多，风险可能更大，本书以企业营业收入增长率作为企业成长性的代理变量。

⑦企业内部治理：从理论上看，健全的企业治理结构有助于稳定企业经营和长期稳健发展，本书以第一大股东持股比例作为企业内部治理的代理变量。

相关被解释变量、解释变量和控制变量如表 6. 1 所示。

表 6. 1　　变量的定义和度量标准

变量		说明	
被解释变量	Beta	企业系统风险	企业年度 Beta 值
	Delta	企业总体风险	个股收益率标准差年度值
解释变量 控制变量	H	套期保值虚拟变量	
	X_1	企业规模	总资产对数
	X_2	财务稳健性	利息保障倍数
	X_3	债务风险	资产负债率
	X_4	流动性	流动比率
	X_5	盈利性	总资产报酬率
	X_6	成长性	营业收入增长率
	X_7	内部治理	第一大股东持股比例

6.2.3　描述性统计分析和相关性检验

（1）描述性统计分析

通过 eviews 软件对各变量进行了描述性统计分析，得到了各变量的样本均值、中位数和样本方差如表 6.2 所示。

表 6.2　描述性统计分析情况

	套期保值企业			未使用衍生工具对照企业		
	均值	中位数	方差	均值	中位数	方差
Delta	0.0268	0.0263	0.0132	0.0276	0.0275	0.0240
Beta	1.1347	1.1510	0.3080	1.1689	1.1604	0.3566
X_1	22.5686	22.2668	1.8531	21.7727	21.5021	1.4340
X_2	-9.0569	2.6518	366.1054	-53.2219	2.4886	1812.7870
X_3	0.5446	0.5505	0.2842	0.4353	0.4081	0.2327
X_4	1.9820	1.2522	5.5171	2.9034	1.5740	6.2860
X_5	0.0374	0.0328	0.0479	0.0297	0.0079	0.0626
X_6	0.4824	0.1088	5.7425	0.1600	0.0000	1.3980
X_7	38.3512	36.9100	15.9073	35.8095	33.2600	16.1017

从表 6.2 可以看出，套期保值的企业总风险变量，即个股日收益率标准差（Delta）的平均值和中位数较小，同时其个股年度 Beta 值的平均值和中位数也较小，这表明中国 A 股上市企业可能是通过利用衍生工具套期保值降低了企业所面临的总风险和系统风险。

（2）相关性检验

为进一步分析套期保值对企业总体风险和系统风险的影响，现对各个变量之间的相关性进行分析如表 6.3 所示。

表 6.3　解释变量相关系数

	X_1	X_2	X_3	X_4	X_5	X_6	X_7
X_1	1.0000						
X_2	0.0106	1.0000					

续表

	X_1	X_2	X_3	X_4	X_5	X_6	X_7
X_3	0. 4953	0. 0176	1. 0000				
X_4	-0. 1865	-0. 0033	-0. 3875	1. 0000			
X_5	-0. 0483	-0. 3794	-0. 3703	0. 0796	1. 0000		
X_6	0. 0215	0. 0009	0. 0529	-0. 0160	0. 0567	1. 0000	
X_7	0. 1988	0. 0352	0. 0672	-0. 0678	0. 0857	0. 0367	1. 0000

由表 6. 3 可以看出，解释变量之间的相关系数都小于 0. 8，不存在严重的多重共线问题，根据前文分析，本书认为可以将以上所有解释变量纳入回归模型进行分析。

6. 2. 4 实证模型和回归分析

（1）模型设定

本书分别以企业总风险和系统性风险的代理变量，即企业日个股收益率 Delta 和企业系统风险变量 Beta 作为被解释变量，以相关控制变量作为自变量，建立以下回归分析模型 6. 2 和 6. 3。

①模型一：

$$Delta_i = \beta_0 + \beta_1 H + \sum_{j=2}^{8} \beta_j X_j + \varepsilon_i \tag{6.2}$$

②模型二：

$$Beta_i = \gamma_0 + \gamma_1 H + \sum_{j=2}^{8} \gamma_j X_j + \mu_i \tag{6.3}$$

（2）回归结果

对于模型一，以企业日个股收益率 Delta 作为被解释变量，根据 Hausman 检验选择个体固定效应模型进行回归。该模型中 R - squared 为0. 225，F 值为35. 83，说明模型拟合程度较好，整体上是显著的。根据回归模型结果，企业使用衍生工具套期保值虚拟变量系数为负值，但是未能够通过 T 检验，说明企业使用衍生工具套期保值降低企业的整体风险，但是统计上并不显著。

表 6.4　　套期保值与企业风险回归结果

	模型一				模型二			
	系数	标准差	T 值	P 值	系数	标准差	T 值	P 值
H	-0.0002	0.0003	-0.6789	0.4972	-0.0580	0.0046	-12.5549	0.0000
X_1	-0.0014	0.0001	-14.5599	0.0000	0.0168	0.0016	10.6731	0.0000
X_2	0.0000005	0.0000001	5.0491	0.0000	0.000007	0.000002	4.7360	0.0000
X_3	0.0042	0.0008	5.4582	0.0000	-0.1361	0.0127	-10.7533	0.0000
X_4	-0.0001	0.00003	-3.4750	0.0005	-0.0031	0.0004	-7.4089	0.0000
X_5	0.0034	0.0024	1.4229	0.1548	-0.4862	0.0385	-12.6186	0.0000
X_6	0.0006	0.00004	17.0618	0.0000	-0.0017	0.0006	-2.9723	0.0030
X_7	0.000050	0.000009	5.7442	0.0000	-0.0012	0.0001	-8.5132	0.0000
R - squared = 0.225　F = 35.83					R - squared = 0.2654　F = 42.376			

对于模型二，以企业系统风险变量 Beta 作为被解释变量，根据 Hausman 检验选择个体固定效应模型进行回归。该模型中 R - squared 为 0.2654，F 值为 42.376，说明模型拟合程度较好，整体上是显著的。根据回归模型结果，企业使用衍生工具套期保值虚拟变量系数为负值，且通过 T 检验，说明企业使用衍生工具套期保值降低了企业的系统风险，且在 1% 的置信水平上显著。

6.3　套期保值深度与企业风险的实证分析

6.3.1　数据来源与变量定义

本节数据来源与 6.2.1 的数据来源一样，分别来自上市企业年度报告和 CSMAR、WIND 两个数据库。

以套期保值深度（H）替代模型中的套期保值虚拟变量，分别以衡量企业系统风险的企业年度 Beta 值，衡量企业总体风险的个股收益率标准差年度值作为被解释变量，以代表企业规模的总资产对数（X_1）、代表企业财务稳健性额利息保障倍数（X_2）、代表债务风险的资产负债率（X_3）、代表流动性的流动比率（X_4）、代表盈利性的总资产报酬率（X_5）、代表企业成长性的营业收入增长率（X_6）和表示企业内部治理的第一大股东持股比例作（X_7）为控制变量进行回归。

6.3.2 描述性统计和相关性分析

（1）描述性统计

对所有变量的描述性统计结果如表 6.5 所示。

表 6.5 描述性统计情况

	均值	中位数	方差
H	0.1320	0.0240	0.2860
Delta	0.0268	0.0263	0.0132
Beta	1.1347	1.1510	0.3080
X_1	22.5686	22.2668	1.8531
X_2	-9.0569	2.6518	366.1054
X_3	0.5446	0.5505	0.2842
X_4	1.9820	1.2522	5.5171
X_5	0.0374	0.0328	0.0479
X_6	0.4824	0.1088	5.7425
X_7	38.3512	36.9100	15.9073

（2）相关性分析

解释变量和控制变量的相关分析结果如表 6.6 所示。通过表 6.6 可以看出，解释变量之间的相关系数都小于 0.8，并不存在严重的多重共线问题，根据前文分析，本书认为可以将以上所有解释变量纳入回归模型进行分析。

表 6.6　解释变量相关系数

	H	X_1	X_2	X_3	X_4	X_5	X_6	X_7
H	1.0000							
X_1	-0.0157	1.0000						
X_2	0.0020	-0.0067	1.0000					
X_3	0.0274	0.5218	0.0475	1.0000				
X_4	-0.0079	-0.1783	-0.0153	-0.3388	1.0000			
X_5	-0.0114	-0.1088	-0.0585	-0.3957	0.1106	1.0000		
X_6	-0.0032	0.0129	0.0004	0.0672	-0.0109	0.0721	1.0000	
X_7	-0.0096	0.1040	-0.0051	0.0631	-0.0400	0.0053	0.0278	1.0000

6.3.3　回归分析

以套期保值深度 H 为被解释变量变量，对使用衍生工具进行套期保值的企业进行回归，回归结果如表 6.7 所示。

表 6.7　套期保值程度与企业风险回归结果

	模型一				模型二			
	系数	标准差	T 值	P 值	系数	标准差	T 值	P 值
H	-9.92E-08	9.28E-08	-1.06898	0.2851	-2.22E-06	2.18E-06	-2.42674	0.0152
X_1	-0.001524	9.18E-05	-16.5966	0.0000	-0.017066	0.002154	-7.921155	0.0000
X_2	5.57E-07	3.10E-07	1.797886	0.0722	-9.57E-06	7.27E-06	-1.315587	0.1883
X_3	0.010314	0.000915	11.27500	0.0000	0.059847	0.021469	2.787602	0.0053
X_4	0.000106	3.80E-05	2.791578	0.0053	0.002846	0.000891	3.194270	0.0014
X_5	-0.000243	0.003216	-0.07542	0.9399	-0.822327	0.075479	-10.89477	0.0000
X_6	-0.000153	2.38E-05	-6.43257	0.0000	0.000753	0.000559	1.346572	0.1782
X_7	9.56E-06	8.60E-06	1.111455	0.2664	-0.001752	0.000202	-8.684369	0.0000
R-squared = 0.369　F = 20.15					R-squared = 0.3458　F = 58.84			

对于模型一，本书以企业日个股收益率 Delta 作为被解释变量，根据 Hausman 检验选择个体固定效应模型进行回归。该模型中 R-squared 为0.369，F 值为20.15，说明模型拟合程度较好，整体上是显著的。根

据回归模型结果，企业使用衍生工具套期保值深度系数为负值，但是未能够通过 T 检验，说明企业使用衍生工具套期保值的程度越深越能够降低企业的整体风险，但是这种降低在统计上并不显著。

对于模型二，本书以企业系统风险变量 Beta 作为被解释变量，根据 Hausman 检验选择个体固定效应模型进行回归。该模型中 R－squared 为 0.3458，F 值为 58.84，说明模型拟合程度较好，整体上是显著的。根据回归模型结果，企业使用衍生工具套期保值深度系数为负值，且通过 T 检验，说明企业使用衍生工具套期保值的程度越深越降低了企业的系统性风险，这种影响在统计上显著。

综上所述，中国 A 股上市企业使用衍生工具进行套期保值的行为降低了企业面临的系统性风险，但对于企业总风险的降低作用未能够取得统计意义上的证明；企业使用衍生工具套期保值的深度对于企业总风险和系统性风险的影响方向与套期保值行为相同。

6.4　套期保值行为影响股价崩盘风险的实证分析

对套期保值对崩盘风险的影响分为两步来研究：一是研究套期保值与信息透明度之间的关系；二是研究套期保值与崩盘风险之间的关系。

6.4.1　数据来源与变量定义

本节样本选择与本书 6.3 节方法一样，样本组为 308 家企业。数据来源与第 4 章一样，分别来自上市企业年度报告和 CSMAR、WIND 两个数据库。

（1）被解释变量

①股价崩盘风险。本书参考 Hutton 等（2009）和 Kim 等（2011）

等学者在相关论文中提出的测算方法，具体公式如下所述，通过这一模型的计算结果来衡量 2007—2016 年沪深 A 股上市企业的股价崩盘风险。首先选择股票 i，通过所选定股票 i 的周收益率数据，计算股票 i 经市场调整过的收益率：

$$r_{i,t} = \alpha_i + \beta_{1,i} \times r_{m,t-2} + \beta_{2,i} \times r_{m,t-1} + \beta_{3,i} \times r_{m,t} + \beta_{4,i} \times r_{m,t+1} + \beta_{5,i} \times r_{m,t+2} + \varepsilon_{i,t} \tag{6.4}$$

其中，上述公式中的 $r_{i,t}$ 是所选定股票 i 在 t 周的周收益率；$r_{m,t}$ 是第 t 周所有企业按流通市值加权的市场收益率。$r_{m,t-2}$、$r_{m,t-1}$、$r_{m,t+1}$、$r_{m,t+2}$ 分别表示市场收益率的滞后二阶、滞后一阶、超前一阶和超前二阶。为了避免企业曾经上市，但是中间有过被摘牌或交易暂停经历，相关论文中的方法，剔除股票交易在一个会计年度里少于 30 周的企业。

我们参考以往的文献，构建了衡量企业崩盘风险的三种方法。第一种方法 COUNT。按照 Hutton 等（2009）的方法，股票 i 在第 t 周的企业特有收益为：

$$W_{i,t} = \ln(1 + \varepsilon_{i,t}) \tag{6.5}$$

$\varepsilon_{i,t}$ 为回归方程残差，当企业周特有收益率比均值低（高）3.09 个标准差，则视为发生了股价暴跌（暴涨）。COUNT 是一个会计年度里，暴跌的次数减去暴涨的次数（Jin 和 Myers，2006），COUNT 的值越大，崩盘风险越高。

第二种方法是负收益偏态系数（NCSKEW）。根据 Kim 等（2011a，2011b）的方法，我们按以下方式计算 NCSKEW：

$$\text{NCSKEW}_{\text{i,t}} = -\left[n(n-1)^{3/2}\sum_{\tau=1}^{n}(W_{i,t,\tau} - \overline{W}_{i,t})^3\right] / \left\{(n-1)(n-2)\left[\sum_{\tau=1}^{n}(W_{i,t,\tau} - \overline{W}_{i,t})^2\right]^{3/2}\right\} \tag{6.6}$$

$W_{i,t}$ 是企业 i 的周特有收益率；$\overline{W}_{i,t}$ 是企业 i 在会计年度 t 的平均周收益率；n 是在会计年度 t 所得到的企业 i 的观测值数目。NCSKEW 的值与本书所研究的崩盘风险正相关。

第三种衡量股价崩盘风险的方法是计算 DUVOL，根据 Chen 等

(2001)，当企业特有的每周收益高于（低于）平均周特有收益率时，我们就计算企业在上升（下降）周时的周特有收益率的标准差，DUVOL 的计算方法如下，DUVOL 越高，收益率越左偏态分布。

$$DUVOL_{i,t} = \log\{[(n_u - 1)\sum_{down}(W_{i,t} - \overline{W})^2]/[(n_d - 1)\sum_{up}(W_{i,t} - \overline{W})^2]\} \quad (6.7)$$

上式中，n_u和n_d分别表示所研究的股票 i 的 $W_{i,t}$ 大于和小于年平均收益 $\overline{W}$ 的周数。

②信息透明度。借鉴 Hutton（2009）和国内外许多学者的方法，本书选择可操控应计项目来对企业信息传递是否通畅也即信息透明度进行衡量。本书借鉴 Jones 模型对可操纵应计利润进行测算，在此基础上信息透明度 Opacity 就可以用三期可操纵应计利润（DATC）绝对值之和来进行表示，具体衡量方法和指标计算公式如下：

$$Opacity_{i,t} = AbsV(DTAC_{i,t-1}) + AbsV(DTAC_{i,t-2}) + AbsV(DTAC_{i,t-3}) \quad (6.8)$$

AbsV（$DTAC_{i,t-1}$）表示企业 i 在第 $t-1$ 年的可操控性应计利润的绝对值；$Opactity_{i,t}$表示企业 i 在第 t 年的会计信息透明度；$Opacity_{i,t}$的数值越高，则意味着相应的会计信息越不透明。

我们通过两个步骤对 DTAC 进行测算：首先我们根据不同行业和不同年份估计回归方程，得到其系数估计值 $\hat{\alpha}_0$ 、$\hat{\alpha}_1$ 、$\hat{\alpha}_2$ 。

$$\frac{AC_{i,t}}{Asset_{i,t-1}} = \alpha_0\frac{1}{Asset_{i,t-1}} + \alpha_1\frac{\Delta REV_{i,t}}{Asset_{i,t-1}} + \alpha_2\frac{PPE_{i,t}}{Asset_{i,t-1}} + \varepsilon_{i,t} \quad (6.9)$$

$AC_{i,t}$表示企业 i 在 t 年的总应计项目（营业利润减去经营活动产生的现金流净额）；$\Delta REV_{i,t}$表示企业 i 在 t 年与 $t-1$ 年营业收入之差；$PPE_{i,t}$表示企业 i 在 t 年的固定资产总额。

接下来，将上述方程测算得到的系数值带入以下方程，从而得出 DTAC 的具体数值，如公式（6.10）所示。

$$DTAC_{i,t} = \frac{AC_{i,t}}{Asset_{i,t-1}} - \hat{\alpha}_0(\frac{1}{Asset_{i,t-1}}) - \hat{\alpha}_1(\frac{\Delta Rev_{i,t} - \Delta Rec_{i,t}}{Asset_{i,t-1}}) - \hat{\alpha}_2(\frac{PPE_{i,t}}{Asset_{i,t-1}}) \quad (6.10)$$

（2）解释变量

本节将企业是否运用衍生工具套期保值作为解释变量，定义为虚拟变量H，并对H做如下定义：

H=1：企业运用了衍生工具套期保值；

H=0：企业没有运用衍生工具套期保值。

（3）控制变量

①模型一的控制变量选取。参考有关信息透明度衡量方面的文献，构建多元回归模型，本书选取以下控制变量：总资产收益率（ROA）；实际控制人类型（CSE）；董事会规模（SD）；独立董事比例（RID）；机构投资者在前十大股东中的比例（RIIS）；企业规模（SIZE）。

a. 选择总资产收益率（ROA）是因为企业在财务状况良好的时候，更加愿意披露自身信息，向广大投资者展现自身的价值。

b. 实际控制人类型（CSE）指标将A股上市企业分为国有上市企业和民营上市企业，一般而言，在企业内部治理结构和外部监管方面，民营上市企业不如国有企业规范和严格，相关信息披露更为完整和准确。

c. 国内学者通过研究认为，董事会规模（SD）对企业信息披露有影响，董事会人数越多，其内部治理结构就越复杂，王卓芳等通过研究发现，规模小的董事会更不容易受到内部人控制，信息披露较为透明。

d. 独立董事比例（RID）是董事会中独董占比，根据企业治理理论，RID越高，意味着企业信息披露质量越高。

e. 前十大股东中机构投资者比例（RIIS），相比普通投资者，机构投资者更能够对企业价值做出合理判断，同时，机构投资者更倾向于投资信息披露完整、价值容易判断的企业，企业机构投资者比例越高，则说明企业信息透明度越高。

f. 企业规模（SIZE）越大，越容易引起广大投资者的关注，相同情况下，大规模的企业信息透明度会更高（见表6.8）。

②模型二的控制变量选取。在对企业的评估中，企业股价价值评判的相关因素除了应是否进行套期保值或者投机之外，还有许多其他的企

表 6.8　　模型一变量定义

变量类型	变量符号	变量定义
被解释变量	Opacity	信息透明度
解释变量	DER	是否使用衍生工具
控制变量	ROA	总资产收益率 = 净利润/资产总额
	CSE	国有控股 CSE = 1；民营控股 CSE = 0
	SD	董事会人数
	RID	独立董事人数/董事会人数
	RIIS	前十大股东机构投资者持股比例
	SIZE	总资产自然对数

业基本面因素会影响投资者对企业价值的判断。结合以往学者的研究成果，我们在衡量股票价格崩盘的模型中加入影响企业风险的其他因素作为控制变量，以提高模型的解释力，使其更加贴近实际。

借鉴相关成果，本书选取企业规模 SIZE、资产负债率 LEV、市值与账面价值之比 MTB、月平均超额换手率 DTURN、企业特有周收益率的标准差 SIGMA、股票的平均周特有收益率 RET 以及净资产收益率 ROA 作为控制变量。

a. 选择企业规模 SIZE、资产负债率 LEV、市值与账面价值之比 MTB 以及净资产收益率 ROA 是因为之前的许多学者研究都认为，股价暴跌受到企业基本面因素的影响，因此我们选择了以上指标来控制企业的基本面因素。

b. 去趋势月平均换手率（DTURN）是第 t 年股票 i 的月换手率的平均值与前一年年股票 i 的月换手率的平均值之差。我们选择 DTURN 作为控制变量是因为 Chen 等（2001）认为该变量可以有效衡量投资者的异质信念，从而可以进一步有效衡量未来股票价格崩盘风险，两者之间存在正相关关系。

c. 企业特有周收益率的标准差（SIGMA），这个变量衡量的是股票 i 在第 t 年的周特有收益率的波动情况，值越大，表示收益率波动越大。

d. 企业特定平均周收益率（RET）即股票 i 在第 t 年特有周收益率

的平均值，控制该变量是为了避免负收益偏态系数（NCKEW）大的股票在过去 36 个月有较高的收益率。具体的变量定义如表 6.9 所示。

表 6.9　　模型二变量定义

变量类型	变量符号	变量定义
被解释变量	$COUNT_t$	t 年暴跌次数减去暴涨次数
	$NCSKEW_t$	t 年的负收益偏态系数（计算方法见原文）
	$DUVOL_t$	t 年的 DUVOL（计算方法见原文）
解释变量	DER	是否使用衍生工具套期保值
控制变量	$SIZE_{t-1}$	t-1 年的企业规模（t-1 年末总市值的自然对数）
	LEV_{t-1}	t-1 年资产负债率
	$DTURN_{t-1}$	t-1 年月平均去趋势换手率（t-1 年股票 i 的月换手率平均值与前一年股票 i 的月换手率平均值之差）
	$SIGMA_{t-1}$	t-1 年股票 i 的收益波动（股票 i 的特有收益率的标准差）
	RET_{t-1}	t-1 年股票 i 的平均周特有收益率
	ROA_{t-1}	t-1 年股票 i 的总资产收益率（息税前利润除以总资产）
	MTB_{t-1}	t-1 年股票 i 的市值与账面价值之比
	$NCSKEW_{t-1}$	t-1 股票 i 的负收益偏态系数，$NCSKEW_t$ 的滞后一期

6.4.2　描述性统计与相关性分析

（1）描述性统计

表 6.10 提供了主要变量的描述性统计结果，其中本书所要研究的三种衡量崩盘风险的方法：COUNT、NCSKEW 和 DUVOL 的平均值分别为 -0.150、-0.382 和 -0.289，中位数分别 0、-0.341 和 -0.28。

表 6.10　　变量的描述性统计

变量	最小值	25 分位	平均值	中位数	75 分位	最大值	标准差
COUNT	-2.000	0.000	-0.150	0.000	0.000	2.000	0.554
NCSKEW	-4.530	-0.822	-0.382	-0.341	0.111	2.874	0.816
DUVOL	-2.912	-0.631	-0.289	-0.280	0.071	1.837	0.542

续表

变量	最小值	25 分位	平均值	中位数	75 分位	最大值	标准差
DTURN	-4. 237	-0. 219	-0. 010	-0. 006	0. 214	1. 773	0. 372
SIGMA	0. 013	0. 039	0. 052	0. 050	0. 062	0. 139	0. 018
RET	-0. 039	-0. 006	-0. 002	-0. 002	0. 003	0. 037	0. 008
ROA	-64. 819	0. 011	0. 029	0. 033	0. 063	1. 613	0. 659
SIZE	19. 108	21. 394	22. 109	21. 977	22. 702	28. 340	1. 075
MTB	0. 000	0. 445	1. 127	0. 776	1. 373	21. 916	1. 281
LEV	0. 002	0. 383	0. 643	0. 532	0. 664	877. 256	8. 903

（2）相关性分析

分别对上文模型一和模型二相关变量进行相关性分析如表 6. 11 和表 6. 12 所示。

表 6. 11　　模型一变量相关性分析表

	H	X_1	X_2	X_3	X_4	X_5	X_6
H	1. 0000						
X_1	-0. 0294	1. 0000					
X_2	0. 0123	-0. 0859	1. 0000				
X_3	-0. 0011	-0. 0405	0. 2540	1. 0000			
X_4	0. 0070	0. 0168	-0. 0260	-0. 3270	1. 0000		
X_5	-0. 0570	0. 1812	-0. 0051	0. 0960	-0. 0100	1. 0000	
X_6	0. 0804	-0. 0578	0. 3805	0. 4983	0. 0137	0. 0923	1. 0000

表 6. 12　　模型二变量相关性分析表

	SIZE	LEV	DTURN	SIGMA	RET	ROA	MTB	NCSKEW
SIZE	1. 0000							
LEV	0. 0073	1. 0000						
DTURN	0. 1103	-0. 0007	1. 0000					
SIGMA	-0. 1053	0. 1541	0. 2268	1. 0000				
RET	0. 1373	0. 0328	-0. 0141	0. 2618	1. 0000			
ROA	0. 0914	0. 0678	-0. 0967	-0. 1025	0. 0554	1. 0000		
MTB	0. 3748	0. 1286	-0. 0638	-0. 2310	-0. 0181	-0. 0277	1. 0000	
NCSKEW	-0. 1218	0. 0187	-0. 1919	-0. 0140	-0. 1607	-0. 0671	-0. 0528	1. 0000

通过表 6. 11 和表 6. 12 可以看出，模型一和模型二的解释变量之间的相关系数都小于 0. 8，并不存在严重的多重共线问题，根据前文分析，本书认为可以将以上所有解释变量纳入回归模型进行分析。

6. 4. 3　实证模型设计

模型一：套期保值行为对信息传递的影响。

$$Opacity_{i,t} = \beta_1 \times DER_{i,t} + \beta_2 \times ROA_{i,t} + \beta_3 \times CSE_{i,t} + \beta_4 \times SD_{i,t} + \beta_5 \times RID_{i,t} + \beta_6 \times RIIS_{i,t} + \beta_7 \times SIZE_{i,t} + \varepsilon_{i,t} \quad (6.11)$$

模型二：套期保值行为对企业未来一年的股价崩盘风险的影响。

$$CRASH_{i,t} = \beta_1 \times DER_{i,t-1} + \beta_2 \times NCSKEW_{i,t-1} + \beta_3 \times DUTRN_{i,t-1} + \beta_4 \times SIGMA_{i,t-1} + \beta_5 \times RET_{i,t-1} + \beta_6 \times ROA_{i,t-1} + \beta_7 \times SIZE_{i,t-1} + \beta_7 \times MTB_{i,t-1} + \beta_7 \times LEV_{i,t-1} + \varepsilon_{i,t} \quad (6.12)$$

模型二中，因变量 $CRASH_{i,t}$是第 t 年企业 i 的崩盘风险，根据前文所述，本书通过模型二衡量崩盘风险的方法有三种，即分别用 COUNT、NCSKE 和 DUVOL 作为因变量进行回归分析。

6. 4. 4　回归分析

如前文所述，模型一的被解释变量为信息透明度，根据检验该模型选择了变截距固定效应模型对样本进行回归，该模型中 R – squared 为 0. 6634，F 值为 10. 02，说明模型拟合程度较好，整体上是显著的。根据如表 6. 13 模型一回归结果分析可以看出，DER 与 Opacity 之间呈负相关关系，且相关关系显著，说明了采用衍生工具进行套期保值的企业信息传递效果好，信息透明度高，这与我们假设 H1 是一致的，结合前文理论分析，本书认为，企业采进行套期保值可以有效降低信息传递中的“噪音”，减少相关市场参与者之间的信息不对称。

进一步地，由于假设 H1 成立，接着对模型二进行回归分析。根据

表 6.13　　使用衍生工具对信息传递的影响回归结果

变量	系数	标准差	T 值	P 值
H	-0.0726	0.0274	-2.6528	0.0080
X_1	-0.4595	0.1399	-3.2841	0.0010
X_2	0.1251	0.0286	4.3801	0.0000
X_3	-0.0305	0.0072	-4.2292	0.0000
X_4	-1.3874	0.2683	-5.1719	0.0000
X_5	-0.0079	0.0012	-6.3997	0.0000
X_6	0.0295	0.0087	3.3819	0.0007

Kim 和 Zhang（2015）在会计稳健性与股价崩盘风险的研究中提出的观点，企业行为对企业股价崩盘风险的影响可能存在一定的滞后性，因此本书首先根据模型二，以 t-1 期的解释变量和控制变量的数据作为回归自变量，分别以 t 期的 COUNT、NCSKE 和 DUVOL 作为因变量进行回归分析。经过 Hausman 检验，三个以 COUNT、NCSKE 和 DUVOL 为因变量的模型都选择了变截距固定效应模型对样本进行回归，结果如表 6.14 所示。

通过以上回归分析可以看出，以 t-1 期数据作为自变量，当因变量分别为 COUNT、NCSKE 和 DUVOL 时，回归系数分别为 -0.0133、

表 6.14　　t-1 期滞后一年回归结果

	变量	系数	标准差	T 值	P 值
（1）以 COUNT 作为因变量回归结果	X	-0.0133	0.0092	-1.4458	0.1482
	ROA_{t-1}	0.1640	0.0128	12.7632	0.0000
	RET_{t-1}	1.5603	0.2361	6.6098	0.0000
	$NCSKEW_{t-1}$	0.0265	0.0021	12.7217	0.0000
	$SIGMA_{t-1}$	0.1563	0.1062	1.4713	0.1412
	LEV_{t-1}	0.0782	0.0059	13.1512	0.0000
	MTB_{t-1}	-0.0388	0.0014	-28.6530	0.0000
	$SIZE_{t-1}$	-0.0082	0.0016	-5.1887	0.0000
	$DTURN_{t-1}$	0.1112	0.0046	23.9626	0.0000

续表

	变量	系数	标准差	T 值	P 值
（2）以 DUVOL 作为因变量回归结果	X	0.0017	0.0089	0.1961	0.8446
	ROA_{t-1}	0.1079	0.0123	8.7445	0.0000
	RET_{t-1}	-0.7027	0.2268	-3.0982	0.0019
	$NCSKEW_{t-1}$	0.0402	0.0020	20.0565	0.0000
	$SIGMA_{t-1}$	-1.0376	0.1021	-10.1647	0.0000
	LEV_{t-1}	0.0596	0.0057	10.4220	0.0000
	MTB_{t-1}	-0.0613	0.0013	-47.1152	0.0000
	$SIZE_{t-1}$	-0.0162	0.0015	-10.6831	0.0000
	$DTURN_{t-1}$	0.1862	0.0045	41.7707	0.0000
（3）以 NCSKEW 作为因变量回归结果	X	0.0110	0.0134	0.8237	0.4101
	ROA_{t-1}	0.2310	0.0187	12.3712	0.0000
	RET_{t-1}	-0.2645	0.3431	-0.7709	0.4407
	$NCSKEW_{t-1}$	0.0532	0.0030	17.5504	0.0000
	$SIGMA_{t-1}$	-0.4701	0.1544	-3.0442	0.0023
	LEV_{t-1}	0.1189	0.0086	13.7538	0.0000
	MTB_{t-1}	-0.0881	0.0020	-44.8041	0.0000
	$SIZE_{t-1}$	-0.0090	0.0023	-3.9413	0.0001
	$DTURN_{t-1}$	0.2565	0.0067	38.0457	0.0000

0.0017 和 0.0110，且都在统计意义上不显著，本书假设 H2 提出的企业套期保值能够降低企业股价崩盘风险在估计期为 t-1 时不成立。

根据 Kim 和 Zhang（2016）的方法，按照模型二的范式，本书将估计期延长至两年，以 t-2 期的解释变量和控制变量的数据作为回归自变量，分别以 t 期的 COUNT、NCSKE 和 DUVOL 作为因变量进行回归分析（见表 6.15）。

按照模型二的范式，以 COUNT 作为因变量回归，根据 Hausman 检验选择个体固定效应模型进行回归，该模型中 R-squared 为 0.15，F 值为 87.37，说明模型拟合程度较好，整体上是显著的。根据回归模型结果，企业使用衍生工具套期保值系数为负值，且通过 T 检验并在 1% 的统计水平上显著，说明企业使用衍生工具套期保值降低了企业股价崩

表 6.15　　t-2 期滞后两年回归结果

	变量	系数	标准差	T 值	P 值
（1）以 COUNT 作为因变量回归结果	X	-0.0735	0.0101	-7.2979	0.0000
	ROA_{t-2}	0.0070	0.0124	0.5600	0.5755
	RET_{t-2}	4.3527	0.2363	18.4202	0.0000
	$NCSKEW_{t-2}$	0.0186	0.0021	9.0246	0.0000
	$SIGMA_{t-2}$	-0.0529	0.1065	-0.4965	0.6196
	LEV_{t-2}	0.0130	0.0057	2.2651	0.0235
	MTB_{t-2}	-0.0128	0.0014	-9.2930	0.0000
	$SIZE_{t-2}$	-0.0477	0.0015	-31.8601	0.0000
	$DTURN_{t-2}$	-0.0332	0.0047	-7.1338	0.0000
	R-squared =0.15　F =87.37				
（2）以 DUVOL 作为因变量回归结果	X	-0.0188	0.0097	-1.9276	0.0539
	ROA_{t-2}	-0.0278	0.0120	-2.3129	0.0207
	RET_{t-2}	5.6178	0.2286	24.5743	0.0000
	$NCSKEW_{t-2}$	-0.0011	0.0020	-0.5595	0.5758
	$SIGMA_{t-2}$	-1.5329	0.1031	-14.8746	0.0000
	LEV_{t-2}	-0.0046	0.0056	-0.8273	0.4081
	MTB_{t-2}	-0.0236	0.0013	-17.7718	0.0000
	$SIZE_{t-2}$	-0.0741	0.0014	-51.1406	0.0000
	$DTURN_{t-2}$	-0.0560	0.0045	-12.4248	0.0000
	R-squared =0.325　F =192.61				
（3）以 NCSKEW 作为因变量回归结果	X	-0.0716	0.0148	-4.8536	0.0000
	ROA_{t-2}	-0.0133	0.0182	-0.7285	0.4663
	RET_{t-2}	8.3917	0.3463	24.2334	0.0000
	$NCSKEW_{t-2}$	0.0153	0.0030	5.0525	0.0000
	$SIGMA_{t-2}$	-1.0533	0.1561	-6.7471	0.0000
	LEV_{t-2}	0.0104	0.0084	1.2338	0.2173
	MTB_{t-2}	-0.0292	0.0020	-14.5048	0.0000
	$SIZE_{t-2}$	-0.0973	0.0022	-44.3272	0.0000
	$DTURN_{t-2}$	-0.0788	0.0068	-11.5519	0.0000
	R-squared =0.261　F =153.65				

盘风险。

按照模型二的范式，以 DUVOL 作为因变量回归，根据 Hausman 检验选择个体固定效应模型进行回归，该模型中 R-squared 为 0.325，F 值为 192.61，说明模型拟合程度较好，整体上是显著的。根据回归模型结果，企业使用衍生工具套期保值系数为负值，且通过T检验并在10%的统计水平上显著，说明企业使用衍生工具套期保值降低了企业股价崩盘风险。

按照模型二的范式，以NCSKEW作为因变量回归，根据Hausman检验选择个体固定效应模型进行回归，该模型中R-squared为0.261，F值为153.65，说明模型拟合程度较好，整体上是显著的。根据回归模型结果，企业使用衍生工具套期保值系数为负值，且通过T检验并在1%的统计水平上显著，说明企业使用衍生工具套期保值降低了企业股价崩盘风险。

综上回归结果，可以看出t-2期的解释变量和控制变量分别关于COUNT、NCSKEW和DUVOL三个指标的回归结果与t-1期不同，COUNT的回归结果系数为-0.073471，在1%的置信水平上显著，NCSKEW的回归系数为-0.071606，在1%的置信水平上显著，DUVOL的回归系数为-0.018774，在10%的置信水平上显著。根据这一回归结果，我们可以得出结论，即t-2期企业使用衍生工具套期保值对t期的股价崩盘风险有负向作用，也就意味着，本书假设H2提出的企业套期保值行为能够降低上市企业股票价格崩盘风险得到了验证。

6.5　套期保值深度对企业股价崩盘风险的实证分析

6.5.1　数据来源与变量定义

本节数据来源与6.2.1节的数据来源一样，分别来自上市企业年度报告和CSMAR、WIND两个数据库。

参考6.4节的模型和方法，现将企业套期保值虚拟变量更换为企业套期保值深度变量，其余变量都与上一节相同，分别选取企业规模SIZE、资产负债率LEV、市值与账面价值之比MTB、月平均超额换手率 DTURN、企业特有周收益率的标准差 SIGMA、股票的平均周特有收益率 RET 以及净资产收益率 ROA 作为控制变量，对企业套期保值深度对企业股价崩盘风险的影响进行研究。

6.5.2 描述性统计及相关性分析

（1）描述性统计

表 6.16 提供了主要变量的描述性统计结果。

表 6.16 变量描述性统计

变量	最小值	平均值	中位数	最大值	标准差
Opacity	0.0008	0.6133	0.3401	48.8926	1.8911
ROA	-1.1346	0.0374	0.0328	2.9330	0.0479
CSE	0.0000	0.4170	0.0000	1.0000	0.4931
SD	4.0000	9.2607	9.0000	19.0000	2.2296
RID	0.2500	0.2683	0.3571	0.6250	0.0525
RIIS	0.0000	7.8125	3.4475	85.1385	11.2000
SIZE	18.2286	22.5686	22.2668	30.6738	1.8531

（2）相关性分析

通过表 6.17 可以看出，套期保值深度变量与各控制变量之间的相关系数都小于 0.8，并不存在严重的多重共线问题，根据前文分析，本书认为可以将以上所有变量纳入回归模型进行分析。

表 6.17 解释变量相关系数

	H	ROA	RET	NCSKEW	SIGMA	LEV	MTB	SIZE	DTURN
H	1.0000								
ROA	-0.0157	1.0000							
RET	-0.0031	0.2464	1.0000						
NCSKEW	0.0382	-0.0428	-0.2048	1.0000					
SIGMA	-0.0485	0.0169	0.3658	-0.1085	1.0000				
LEV	0.0334	-0.5123	-0.0822	0.0052	0.0699	1.0000			
MTB	-0.0174	-0.2592	-0.1583	-0.1043	-0.2991	0.4088	1.0000		

续表

	H	ROA	RET	NCSKEW	SIGMA	LEV	MTB	SIZE	DTURN
SIZE	-0.0314	0.3107	0.0977	-0.1089	-0.1246	0.1296	0.1230	1.0000	
DTURN	-0.0029	0.0747	0.0848	-0.1119	0.1617	0.0004	-0.0395	0.1356	1.0000

6.5.3　回归分析

参照 6.4 节研究方法，分别以 t 期的 COUNT、NCSKE 和 DUVOL 作为因变量构建三个回归模型，并分别以 t - 1 期的解释变量和控制变的数据作为回归自变量进行回归，各回归模型的回归结果如表 6.18 所示。

表 6.18　　t - 1 期滞后一年回归结果

	变量	系数	标准差	T 值	P 值
（1）以 COUNT 作为因变量回归结果	X	-0.00002	0.00000	-5.1358	0.0000
	$DTURN_{t-1}$	0.1126	0.0044	25.6337	0.0000
	LEV_{t-1}	0.0678	0.0054	12.6148	0.0000
	MTB_{t-1}	-0.0316	0.0012	-26.5273	0.0000
	$NCSKEW_{t-1}$	0.0268	0.0019	14.3408	0.0000
	RET_{t-1}	1.7570	0.2186	8.0364	0.0000
	ROA_{t-1}	0.1416	0.0116	12.1609	0.0000
	$SIGMA_{t-1}$	0.1263	0.0977	1.2923	0.1962
	$SIZE_{t-1}$	-0.0120	0.0014	-8.7787	0.0000
	R - squared = 0.159，F = 105.16				
（2）以 DUVOL 作为因变量回归结果	X	-0.00002	0.00000	-6.1776	0.0000
	$DTURN_{t-1}$	0.1756	0.0044	39.8939	0.0000
	LEV_{t-1}	0.0617	0.0054	11.4560	0.0000
	MTB_{t-1}	-0.0591	0.0012	-49.6105	0.0000
	$NCSKEW_{t-1}$	0.0379	0.0019	20.2036	0.0000
	RET_{t-1}	-0.7450	0.2190	-3.4015	0.0007
	ROA_{t-1}	0.1133	0.0117	9.7120	0.0000
	$SIGMA_{t-1}$	-0.7091	0.0979	-7.2435	0.0000
	$SIZE_{t-1}$	-0.0052	0.0014	-3.7471	0.0002
	R - squared = 0.369　F = 248.96				

续表

	变量	系数	标准差	T 值	P 值
（3）以 NCSKEW 作为因变量回归结果	X	-0.00002	0.00001	-3.4228	0.0006
	$DTURN_{t-1}$	0.2382	0.0067	35.7328	0.0000
	LEV_{t-1}	0.1183	0.0082	14.5027	0.0000
	MTB_{t-1}	-0.0866	0.0018	-47.9555	0.0000
	$NCSKEW_{t-1}$	0.0490	0.0028	17.2653	0.0000
	RET_{t-1}	-0.1924	0.3317	-0.5799	0.5620
	ROA_{t-1}	0.2300	0.0177	13.0213	0.0000
	$SIGMA_{t-1}$	-0.0010	0.1483	-0.0069	0.9945
	$SIZE_{t-1}$	0.0121	0.0021	5.7992	0.0000
	R - squared = 0.348　　F = 234.91				

按照前文模型二的范式，以 COUNT 作为因变量回归，根据 Hausman 检验选择个体固定效应模型进行回归，该模型中 R - squared 为 0.159，F 值为 105.16，说明模型拟合程度较好，整体上是显著的。根据回归模型结果，企业使用衍生工具套期保值系数为负值，且通过 T 检验并在 1% 的统计水平上显著，说明企业套期保值深度与企业股价崩盘风险负相关。

按照前文模型二的范式，以 DUVOL 作为因变量回归，根据 Hausman 检验选择个体固定效应模型进行回归，该模型中 R - squared 为 0.369，F 值为 248.96，说明模型拟合程度较好，整体上是显著的。根据回归模型结果，企业使用衍生工具套期保值系数为负值，且通过 T 检验并在 1% 的统计水平上显著，说明企业套期保值深度与企业股价崩盘风险负相关。

按照前文模型二的范式，以 NCSKEW 作为因变量回归，根据 Hausman 检验选择个体固定效应模型进行回归，该模型中 R - squared 为 0.348，F 值为 234.91，说明模型拟合程度较好，整体上是显著的。根据回归模型结果，企业使用衍生工具套期保值系数为负值，且通过 T 检验并在 1% 的统计水平上显著，说明企业套期保值深度与企业股价崩盘风险负相关。

根据以上回归结果，可以看出 t－1 期的解释变量系数分别关于 COUNT、NCSKEW、DUVOL 三个指标的回归结果都略小于零，且在 1% 的置信水平上显著，这表明 t－1 期企业套期保值深度对 t 期企业股价崩盘风险有负向作用，即企业套期保值越深越能够降低企业股票价格崩盘风险。

综合本章前两节内容，本书发现企业套期保值行为能够有效降低企业股价崩盘风险，考虑到信息传递的时间效应，这一作用滞后两年体现，而作为更加量化的指标，套期保值深度在市场上的信息传递效果要强于企业套期保值行为指标，企业套期保值程度越深，这一降低效应传递就越快。

6.6　稳健性检验

6.6.1　企业套期保值对企业风险影响的稳健性检验

为了进一步验证前文结果，本书按照稳健性建议的一般方法，使用产权比率替代资产负债率作为企业债务风险的代理变量，使用速动比率替代流动比率作为企业流动性的代理变量，将套期保值虚拟变量（H）、总资产对数（X_1）、利息保障倍数（X_2）、产权比率（X_3）、速动比率（X_4）、总资产报酬率（X_5）、营业收入增长率（X_6）、第一大股东持股比例（X_7）作为自变量，分别以企业整体风险和系统性风险的代理变量，即企业日个股收益率 Delta 和企业系统风险变量 Beta 作为被解释变量进行回归，回归结果如表 6.19 所示。

根据模型一回归结果，企业套期保值虚拟变量系数为负值，且都未能够通过 T 检验，这与前文的回归结果一致。根据模型二回归结果，企

表 6.19　　稳健性检验

	模型一				模型二			
	系数	标准差	T 值	P 值	系数	标准差	T 值	P 值
H	-0.0002	0.0003	-0.6778	0.4979	-0.0577	0.0044	-13.0842	0.0000
X_1	-0.0014	0.0001	-15.2639	0.0000	0.0168	0.0015	11.2094	0.0000
X_2	0.0000	0.0000	5.2914	0.0000	0.00001	0.00000	4.9678	0.0000
X_3	0.0043	0.0007	5.7387	0.0000	-0.1366	0.0121	-11.3167	0.0000
X_4	-0.0001	0.0000	-3.6391	0.0003	-0.0031	0.0004	-7.7784	0.0000
X_5	0.0034	0.0023	1.4888	0.1366	-0.4863	0.0367	-13.2338	0.0000
X_6	0.0006	0.00003	17.8858	0.0000	-0.0017	0.0005	-3.1061	0.0019
X_7	0.00005	0.00001	6.0372	0.0000	-0.0012	0.0001	-8.9409	0.0000
R - squared = 0.225　F = 33.91					R - squared = 0.265　F = 40.2			

业套期保值虚拟变量系数负值，且通过 T 检验，说明企业套期保值降低了企业的系统性风险。通过稳健性检验，更加确认了本书之前的结论，即中国 A 股上市企业使用衍生工具进行套期保值的行为降低了企业面临的系统性风险，但对于企业整体风险的降低作用未能够取得统计意义上的证明。

6.6.2　企业套期保值深度对企业风险影响的稳健性检验

同样地，本书按照稳健性建议的一般方法，使用产权比率替代资产负债率作为企业债务风险的代理变量，使用速动比率替代流动比率作为企业流动性的代理变量，将套期保值深度变量（H）、总资产对数（X_1）、利息保障倍数（X_2）、产权比率（X_3）、速动比率（X_4）、总资产报酬率（X_5）、营业收入增长率（X_6）、第一大股东持股比例（X_7）作为自变量，分别以别以企业整体风险和系统性风险的代理变量，即企业日个股收益率 Delta 和企业系统风险变量 Beta 作为被解释变量进行回归，回归结果如表 6.20 所示。

表 6.20　　稳健性检验

	模型一				模型二			
	系数	标准差	T 值	P 值	系数	标准差	T 值	P 值
H	-0.0000001	0.0000001	-0.4705	0.6380	-0.000004	0.000002	-3.4052	0.0007
X_1	-0.0015	0.0001	-15.4149	0.0000	0.0194	0.0015	12.7753	0.0000
X_2	0.0000005	0.0000001	5.2746	0.0000	0.000007	0.000002	4.9176	0.0000
X_3	0.0038	0.0008	4.8446	0.0000	-0.1388	0.0125	-11.0967	0.0000
X_4	-0.0001	0.00003	-3.5877	0.0003	-0.0032	0.0004	-7.8048	0.0000
X_5	0.0044	0.0024	1.8449	0.0651	-0.4863	0.0380	-12.7861	0.0000
X_6	0.0006	0.00003	16.9237	0.0000	-0.0017	0.0006	-2.9748	0.0029
X_7	0.0001	0.00001	6.7120	0.0000	-0.0008	0.0001	-5.5962	0.0000
R - squared = 0.225　F = 33.91					R - squared = 0.265　F = 40.2			

通过以上分析可以看出，根据回归模型一的结果，企业使用衍生工具套期保值深度系数为负值，但是未能够通过 T 检验；根据模型二回归结果，企业使用衍生工具套期保值深度系数为负值，通过 T 检验，两个模型的回归结果与前文回归结果一致。

6.6.3　套期保值行为对企业股价崩盘风险影响的稳健性检验

参照稳健性检验的一般方法，本书将模型中的总资产收益率（ROA）变量替换为 ROE（净资产收益率），将资产负债率（LEV）替换为产权比率（ER），将相关变量的 t-2 期数据带入本章前文的模型当中，回归结果如表 6.21 所示。

根据以上稳健性检验，模型一以 COUNT 作为因变量回归，t-2 期企业使用衍生工具套期保值虚拟变量系数为负值，且通过 T 检验并在 1% 的统计水平上显著；模型二以 DUVOL 作为因变量回归，t-2 期企业使用衍生工具套期保值虚拟变量系数为负值，且通过 T 检验并在 10% 的统计水平上显著；模型三以 NCSKEW 作为因变量回归，t-2 期企业使用衍生工具套期保值虚拟变量系数为负值，且通过 T 检验并在 1% 的统计水平上显著。

表 6.21　　t-2 期滞后二年回归结果

	变量	系数	标准差	T 值	P 值
（1）以 COUNT 作为因变量回归结果	H	-0.0734	0.0097	-7.5917	0.0000
	$DTURN_{t-2}$	-0.0332	0.0045	-7.4303	0.0000
	ER_{t-2}	0.0130	0.0055	2.3559	0.0185
	MTB_{t-2}	-0.0128	0.0013	-9.6765	0.0000
	$NCSKEW_{t-2}$	0.0186	0.0020	9.3895	0.0000
	RET_{t-2}	4.3493	0.2270	19.1569	0.0000
	ROE_{t-2}	0.0069	0.0119	0.5812	0.5611
	$SIGMA_{t-2}$	-0.0519	0.1023	-0.5070	0.6122
	$SIZE_{t-2}$	-0.0477	0.0014	-33.1692	0.0000
	R-squared = 0.15　F = 86.16				
（2）以 DUVOL 作为因变量回归结果	H	-0.0188	0.0094	-2.0068	0.0448
	$DTURN_{t-2}$	-0.0560	0.0043	-12.9314	0.0000
	ER_{t-2}	-0.0046	0.0053	-0.8609	0.3893
	MTB_{t-2}	-0.0236	0.0013	-18.4969	0.0000
	$NCSKEW_{t-2}$	-0.0011	0.0019	-0.5819	0.5606
	RET_{t-2}	5.6182	0.2196	25.5785	0.0000
	ROE_{t-2}	-0.0278	0.0115	-2.4071	0.0161
	$SIGMA_{t-2}$	-1.5331	0.0990	-15.4830	0.0000
	$SIZE_{t-2}$	-0.0741	0.0014	-53.2269	0.0000
	R-squared = 0.325　F = 189.7				
（3）以 NCSKEW 作为因变量回归结果	H	-0.0716	0.0142	-5.0493	0.0000
	$DTURN_{t-2}$	-0.0788	0.0066	-12.0264	0.0000
	ER_{t-2}	0.0104	0.0081	1.2832	0.1994
	MTB_{t-2}	-0.0292	0.0019	-15.0993	0.0000
	$NCSKEW_{t-2}$	0.0153	0.0029	5.2568	0.0000
	RET_{t-2}	8.3889	0.3327	25.2135	0.0000
	ROE_{t-2}	-0.0133	0.0175	-0.7591	0.4478
	$SIGMA_{t-2}$	-1.0525	0.1500	-7.0170	0.0000
	$SIZE_{t-2}$	-0.0973	0.0021	-46.1414	0.0000
	R-squared = 0.261　F = 151.36				

综上回归结果，可以看出 t-2 期的企业套期保值虚拟变量关于 COUNT、NCSKEW、DUVOL 三个指标的回归结果与前文结论一致，企

业在 t－2 期套期保值行为降低了 t 期的企业股价崩盘风险，回归结果通过了稳健性检验。

6.6.4 套期保值深度对企业股价崩盘风险的影响稳健性检验

参照稳健性检验的一般方法，本书将模型中的总资产收益率（ROA）变量替换为 ROE（净资产收益率），将资产负债率（LEV）替换为产权比率（ER），将相关变量的 t－1 期数据带入本章前文的模型当中，回归结果如表 6.22 所示。

表 6.22　t－1 期滞后一年回归结果

	变量	系数	标准差	T 值	P 值
（1）以 COUNT 作为因变量回归结果	H	－0.00002	0.00000	－5.1167	0.0000
	$DTURN_{t-1}$	0.1121	0.0042	26.5264	0.0000
	ER_{t-1}	0.0682	0.0052	13.2025	0.0000
	MTB_{t-1}	－0.0315	0.0011	－27.5167	0.0000
	$NCSKEW_{t-1}$	0.0268	0.0018	14.9125	0.0000
	RET_{t-1}	1.7545	0.2100	8.3533	0.0000
	ROE_{t-1}	0.1424	0.0112	12.7262	0.0000
	$SIGMA_{t-1}$	0.1188	0.0939	1.2654	0.2057
	$SIZE_{t-1}$	－0.0114	0.0013	－8.6050	0.0000
	R－squared＝0.1602　F＝104.22				
（2）以 DUVOL 作为因变量回归结果	H	－0.00002	0.00000	－6.3751	0.0000
	$DTURN_{t-1}$	0.1755	0.0042	41.4679	0.0000
	ER_{t-1}	0.0618	0.0052	11.9364	0.0000
	MTB_{t-1}	－0.0591	0.0011	－51.6049	0.0000
	$NCSKEW_{t-1}$	0.0379	0.0018	21.0255	0.0000
	RET_{t-1}	－0.7455	0.2104	－3.5427	0.0004
	ROE_{t-1}	0.1134	0.0112	10.1209	0.0000
	$SIGMA_{t-1}$	－0.7106	0.0941	－7.5534	0.0000
	$SIZE_{t-1}$	－0.0050	0.0013	－3.7781	0.0002
	R－squared＝0.369　F＝245.21				

续表

	变量	系数	标准差	T 值	P 值
(3) 以 NCSKEW 作为因变量回归结果	H	-0.00002	0.00001	-3.5339	0.0004
	$DTURN_{t-1}$	0.2381	0.0064	37.1530	0.0000
	ER_{t-1}	0.1184	0.0078	15.0997	0.0000
	MTB_{t-1}	-0.0866	0.0017	-49.8911	0.0000
	$NCSKEW_{t-1}$	0.0490	0.0027	17.9687	0.0000
	RET_{t-1}	-0.1927	0.3187	-0.6048	0.5453
	ROE_{t-1}	0.2302	0.0170	13.5579	0.0000
	$SIGMA_{t-1}$	-0.0022	0.1425	-0.0154	0.9877
	$SIZE_{t-1}$	0.0122	0.0020	6.0383	0.0000
	R - squared = 0.348 F = 231.36				

以 t - 1 期样本数据进行回归，按照本章 6.5 节模型二的范式，以 COUNT 作为因变量回归，根据回归模型结果，企业使用衍生工具套期保值深度系数为负值，且通过 T 检验并在 1% 的统计水平上显著；以 DUVOL 作为因变量回归，企业使用衍生工具套期保值深度系数为负值，且通过 T 检验并在 1% 的统计水平上显著，说明 t - 1 期企业套期保值深度与企业股价崩盘风险负相关；以 NCSKEW 作为因变量回归，t - 1 期企业使用衍生工具套期保值系数为负值，且通过 T 检验并在 1% 的统计水平上显著，以上回归结果与前文结论一致，稳健性检验通过。

6.7 小结

本章分别以企业 2007—2016 年间个股收益率 Delta 和企业系统风险变量 Beta 代理企业的总风险和企业的系统风险，研究了企业套期保值行为和企业套期保值深度对企业总风险、系统性风险及崩盘风险的影响。

通过回归分析，本书发现在研究期间，企业使用衍生工具套期保值行为和深度都降低了企业面临的系统风险，这种降低在统计意义上显著；同时企业套期保值行为和深度很可能降低了企业的总风险，但是这种影响在统计上不显著。

在分析企业套期保值与企业股价崩盘风险之间的关系方面，本书首先对企业使用衍生工具与企业会计信息透明度之间的关系进行了研究。根据财政部令第 33 号规定，2007 年起 A 股上市企业应当根据最新的企业会计准则对企业使用衍生工具的相关信息在年度报告中予以披露，这本身就是提升企业会计信息透明度的一个举措。通过实证分析，本书证明了企业使用衍生工具套期保值进行风险对冲，能够降低传递企业管理层能力的信号中的“噪音”，提升信息传递的有效性，降低信息不对称，提高会计信息透明度。进一步地，本书通过回归分析，分别以一年和两年作为估计区间，即以全部 2007—2016 年间的 A 股企业 t－1 期和 t－2 期的解释变量和控制变量数据作为自变量，以 COUNT、NCSKEW、DUVOL 三个指标作为因变量，分别进行了三次回归分析，验证了企业使用衍生工具套期保值确实可以降低企业股票价格崩盘风险，这一影响存在两年的滞后性。而作为更加量化的指标，套期保值深度在市场上的信息传递效果要强于企业套期保值行为指标，企业套期保值程度越深，这一降低效应传递就越快。

第 7 章

我国上市企业运用衍生工具投机套利研究

相比较套期保值行为，企业的投机或套利行为理论上应该是通过主动承担风险来获取更多的价值。但在已有研究中鲜有依据企业使用衍生产品的目的将企业分为套期保值组和投机套利组，进而对后者的动因与影响深入研究，因此也不知道企业使用衍生品进行投机套利与套期保值的动因及对企业的影响有何不同，为此本章在第 3 章企业样本分组基础上就此问题进行探索性分析。

7.1　理论假设

7.1.1　企业投机套利决定因子的理论假设

由于企业投机套利决定因子国内外相关研究较少，根据已有学者关于衍生品使用的动因以及对企业的影响文献，结合企业使用衍生工具投机套利的实际行为，本书提出企业投机套利决定因子相关影响因素如下：

①投机机会成本因素。企业资产负债率越高，企业所有者权益占企业整体资产的比重就越小，企业投机失败的风险就越低，而企业投机成功的相对收益就越高，企业的经营管理者就越有动力进行投机套利。因此，本书提出假设：

H1：企业资产负债率与企业使用衍生工具进行投机套利正相关；

②投机经济成本因素。根据相关学者研究，规模越大的企业越能够利用其信息优势降低其持有衍生工具的单位成本，其参与投机的经济成本越低，更有能力和动力进行投机套利。因此，本书提出假设：

H2：企业规模与企业使用衍生工具进行投机套利行为正相关；

③经营压力因素。陷入经营压力的企业主营业务收入表现差，为了

掩饰其经营业绩的真实情况，粉饰财务报表，这样的企业更有动力进行投机套利。因此，本书提出假设：

H3：企业流动比率与企业使用衍生工具投机套利行为负相关；

H4：企业现金比率与企业使用衍生工具投机套利行为负相关；

④债务人制衡因素。对与企业所有者和企业的债务人而言，企业债务人更关注企业能够按时偿还到期债务，因此债务人对企业经营的稳健性具有较高要求，偿债能力较强的企业债务人约束相对会较低，因此本书假设：

H5：企业利息保障倍数与企业使用衍生工具投机套利正相关；

H6：企业长期负债比率与企业使用衍生工具进行投机套利的行为负相关；

⑤成长性因素。根据上述有曹玉珊等学者论述，高的企业成长性会抑制管理层的认知偏差，从而抑制企业的衍生工具投机套利行为，因此本书以市盈率作为企业成长性的代理变量，提出假设：

H7：企业市盈率与企业使用衍生工具投机套利行为负相关；

⑥内部管理因素。根据上述分析，机构投资者会倾向于投资较少使用衍生工具投机套利的企业，而企业管理层权力则是推动企业投机套利的重要因素。除此之外，结合套期保值部分理论假设，大股东持股比例越低，企业投机套利时其应承担的经济成本越小，获得风险收益越多，因此本书提出假设：

H8：企业机构投资者持股比例与企业使用衍生工具投机套利行为负相关；

H9：企业管理持股比例与企业使用衍生工具投机套利行为正相关；

H10：企业第一大股东持股比例与企业使用衍生工具投机套利行为负相关。

7.1.2 企业投机套利对企业价值影响的理论假设

从理论角度看，企业的套期保值行为会由于下面几个动因对企业价值产生正向影响，即“减少预期税收假说”“降低财务危机成本假说”和“避免投资不足假说”。投机套利行为降低了企业收入的稳定性，增加了企业的预期税负，对债权人的吸引力降低，融资成本会增加，企业的税盾效应会下降，陷入财务困境的可能性增加。因为企业投机套利与套期保值的动因基本不同，所以企业投机套利行为对企业价值的影响也会与套期保值对企业价值的影响效果存在明显差异。根据理论分析，结合实践经验，我们认为企业使用衍生金融工具投机套利会增加企业的价值，具体假设如下：

H11：企业使用衍生工具进行套期保值可以增加企业的每股收益；

H12：企业使用衍生工具进行套期保值可以增加企业的每股经营现金流量；

H13：企业使用衍生工具进行套期保值可以增加企业的总资产收益率；

H14：企业使用衍生工具进行套期保值可以增加企业的托宾 Q。

7.1.3　企业投机套利对企业风险影响的理论假设

从理论上看，企业使用衍生金融工具进行套期保值行为与投机套利行为在风险承担上存在根本性的差异，企业参与投机套利的往往根据自己对衍生工具市场价格走势的预测进行买卖操作，其交易的目的不是对冲风险，而是通过主动承担风险博取高额收益，利用部分保证金制度，通过杠杆放大自己的买卖收益，同时承担巨大的投资风险。因此，提出如下假设：

H15：企业运用衍生金融工具投机套利增加了企业总风险；

H16：企业运用衍生金融工具投机套利增加了企业的系统风险。

进一步地，本书在第 6 章以信息传递为路径分析了企业使用衍生金融工具套期保值对企业股价崩盘风险的影响，结合前文理论分析和企业投机套利行为的实质，本书认为，与套期保值不同，企业使用衍生工具投机套利行为一方面增加了企业的财务风险；另一方面其损益结果对企业主营业务经营成果的准确判断产生了干扰，投机套利行为和结果会影响市场投资者对上市企业管理水平和财务风险的判断，属于企业经营过程中产生的“噪音”，因此本书认为企业投机套利行增加了企业股价崩盘风险，提出假设如下：

H17：企业运用衍生金融工具投机套利增加了上市企业股价崩盘风险。

7.2 企业投机套利行为决定因子实证分析

7.2.1 数据来源与变量定义

根据第3章分类，将“既套期保值又投机套利企业”与“纯投机套利企业”共100家企业作为投机套利企业样本组。按照7.1.1节提出的理论假设H1－H10，选取企业是否利用衍生工具投机套利作为被解释变量，用虚拟变量（D）表示。解释变量选取为资产负债率（X_1）、利息保障倍数（X_2）、长期负债比率（X_3）、市盈率（X_4）总资产额对数（X_5）、流动比率（X_6）、现金比率（X_7）、机构投资者持股比例（X_8）、管理层持股比例（X_9）和第一大股东持股比例（X_{10}）。

7.2.2 描述性统计与相关性检验

（1）描述性统计

表7.1提供了主要变量的描述性统计结果。

表7.1　变量的描述性统计

	样本组			对照组		
	均值	中位数	方差	均值	中位数	方差
X_1	0.4798	0.5030	0.1963	0.4707	0.4497	0.2435
X_2	4.1277	2.5367	94.3470	5.9276	2.3415	98.2810
X_3	0.0546	0.0082	0.0967	0.0544	0.0083	0.1008
X_4	60.5979	38.1990	208.3670	54.9295	36.8861	225.3516
X_5	22.2865	22.1039	1.3559	22.3447	22.3932	6.6585
X_6	2.1750	1.3705	2.9695	2.2302	1.3724	3.3596
X_7	0.8303	0.3247	1.9729	0.7978	0.3125	1.7708
X_8	8.1591	3.0161	11.9958	7.9335	3.0273	12.5088
X_9	0.1421	0.0031	0.2172	0.1452	0.0022	0.2348
X_{10}	36.8922	34.9800	15.7511	37.3910	34.6645	19.3556

（2）相关性分析

为了排除解释变量之间的多重共线性影响，对所有解释变量进行相关性分析，结果如表7.2所示。表中除了流动比率（X_6）和现金比率（X_7）之间的相关系数为0.86之外，其他各变量之间不存在高度相关性。

表7.2　解释变量相关系数

	X_1	X_2	X_3	X_4	X_5	X_6	X_7	X_8	X_9	X_{10}
X_1	1.000									
X_2	0.510	1.000								
X_3	-0.005	-0.031	1.000							
X_4	-0.013	0.063	-0.030	1.000						
X_5	-0.129	-0.160	0.213	-0.032	1.000					
X_6	-0.094	-0.022	-0.122	0.028	-0.294	1.000				
X_7	-0.065	0.000	-0.102	0.010	-0.214	0.860	1.000			
X_8	-0.046	-0.038	-0.004	0.006	0.027	0.128	0.085	1.000		
X_9	-0.069	-0.024	-0.146	0.017	-0.243	0.412	0.364	0.113	1.000	
X_{10}	-0.038	-0.042	0.267	-0.010	0.250	-0.074	-0.022	0.071	-0.177	1.000

7.2.3 回归分析

为了排除回归变量之间多重共线性的影响，首先建立投机套利的虚拟变量（D）与资产负债率（X_1）、利息保障倍数（X_2）、长期负债比率（X_3）、市盈率（X_4）、总资产额对数（X_5）、流动比率（X_6）、机构投资者持股比例（X_8）、管理层持股比例（X_9）和第一大股东持股比例（X_{10}）之间的 Logit 模型，记为模型一；然后将模型一中的流动比率（X_6）变量替换为现金比率（X_7）构建了 Logit 模型二。具体回归结果如表 7.3 所示。

表 7.3　　回归分析结果

	模型一				模型二			
	系数	方差	Z 值	P 值	系数	方差	Z 值	P 值
X_1	-0.2307	0.5226	-0.4414	0.6590	-0.1268	0.3642	-0.3481	0.7277
X_2	-0.0004	0.0010	-0.4276	0.6689	-0.0004	0.0010	-0.4208	0.6739
X_3	-0.7995	1.0590	-0.7549	0.4503	-0.8146	1.0544	-0.7726	0.4398
X_4	-0.00002	0.0003	-0.0607	0.9516	-0.00003	0.0003	-0.0964	0.9232
X_5	0.1451	0.0506	2.8690	0.0041	0.1505	0.0470	3.2012	0.0014
X_6	-0.0565	0.0550	-1.0279	0.3040				
X_7					-0.0401	0.0667	-0.6011	0.5477
X_8	-0.0358	0.0125	-2.8539	0.0043	-0.0361	0.0124	-2.9006	0.0037
X_9	1.1444	0.5179	2.2095	0.0271	1.0539	0.5090	2.0706	0.0384
X_{10}	0.0018	0.0063	0.2934	0.7692	0.0017	0.0063	0.2650	0.7910
P(LR statistic) = 0.0021　LR statistic = 25.88					P(LR statistic) = 0.0030　LR statistic = 24.97			

从表 7.3 的回归结果可以看出，模型一的 P（LR statistic）= 0.0021，模型二的 P（LR statistic）= 0.0030，因此模型一与模型二在统计上是显著的；其中模型一的 LR statistic 为 25.88，模型二的 LR statistic 为 24.97，说明两个模型很好地拟合了数据。

同时可以看出，在其他因素不变的情况下，有三个变量与企业投机套利存在统计意义上的相关性。其中，企业规模与企业使用衍生工具投机套利正相关，且在 1% 的置信水平上显著，H5 得到验证；企业机构投资者持股比例与企业使用衍生工具投机套利负相关，且在 1% 的置信水平上显著，H8 得到验证；企业管理层持股比例与企业投资衍生工具投机套利正相关，且在 5% 的置信水平上显著，H9 得到验证。

综上分析，企业使用衍生工具进行投机套利行为与企业规模、管理层持股比例正相关，与企业机构投资者持股比例负相关。我们可以进一步分析如下：企业规模因素是企业投资衍生工具的影响因素，企业规模越大，就越有动力使用衍生工具进行套期保值或者投机套利，无论是投机套利还是套期保值，相比于规模较小的企业，大企业都更有动力，但我们无法单纯从企业规模这一个因素判断企业套期保值和投机套利的倾向；机构投资者持股比例越高，企业使用衍生工具数量就越少，无论是套期保值或者投机套利行为相应也都会减少，我们无法单纯通过机构投资者持股比例判断企业套期保值和投资套利倾向；最后，从企业管理层持股比例来看，企业管理层持股比例越高，企业使用衍生工具更倾向于投机套利非套期保值。

7.3　投机套利行为对企业价值影响实证分析

7.3.1　数据来源与变量定义

本节以第 3 章 3.4.3 节选出的投机套利企业样本组和对照组各 100 家作为研究对象。选取总资产收益率、每股收益、每股经营现金流和托宾 Q 作为被解释变量，将虚拟变量企业是否使用衍生工具进行投机套利作为解释变量，以资产负债率、总资产对数、营业收入增长率、控股股东持股比例和固定资产比值作为控制变量进行回归分析，来验证7.1.2节中的假设H11-H14。

7.3.2 描述性统计与相关性分析

（1）描述性统计

表7.4和表7.5提供了主要变量的描述性统计结果。

表7.4 投机套利企业描述性统计表

变量	平均值	中位数	标准差
Y_1	0.3918	0.2139	1.7848
Y_2	0.3804	0.2966	0.9230
Y_3	0.0318	0.0280	0.0582
Y_4	2.1163	1.3701	2.6270
X_1	0.4798	0.5030	0.1963
X_2	22.2865	22.1039	1.3559
X_3	-0.3748	0.1207	5.7732
X_4	36.8922	34.9800	15.7511
X_5	0.2538	0.2214	0.1722

表7.5 未投机套利企业描述性统计表

变量	平均值	中位数	标准差
Y_1	0.3863	0.2090	1.4605
Y_2	0.3818	0.2735	0.9310
Y_3	0.0326	0.0276	0.0597
Y_4	2.1227	1.3136	2.8603
X_1	0.4707	0.4497	0.2435
X_2	22.3447	22.3932	6.6585
X_3	0.1185	0.1061	3.3872
X_4	37.3910	34.6645	19.3556
X_5	0.2533	0.2111	0.1883

（2）相关性分析

在多元线性回归之前，为排除回归变量之间多重共线的影响，计算变量是否投机套利的虚拟变量（D）、资产负债率（X_1）、总资产对数（X_2）、营业收入增长率（X_3）、控股股东持股比例（X_4）和固定资产比值（X_5）之间的简单相关系数计算如表7.6所示。

表7.6 解释变量相关系数

	D	X_1	X_2	X_3	X_4	X_5
D	1.000					
X_1	-0.018	1.000				
X_2	0.037	-0.179	1.000			
X_3	0.015	0.003	-0.029	1.000		
X_4	0.000	-0.028	0.372	0.029	1.000	
X_5	0.012	-0.049	0.283	0.018	0.191	1.000

通过表7.6计算结果可以看出，各个解释变量之间的相关系数都小于0.5，因此不存在多重共线问题，可以进行回归分析。

7.3.3 回归分析

参照5.2节，分别以总资产收益率、每股收益、每股经营现金流和托宾Q作为被解释变量建立回归模型，考察投机套利对企业价值的影响，回归结果如表7.7所示。

表7.7 回归分析结果

	变量	系数	标准差	T值	P值
（模型一）以每股收益作为因变量进行回归分析	D	0.4123	0.0541	7.6251	0.0000
	X_1	0.0341	0.0044	7.7380	0.0000
	X_2	0.2425	0.0144	16.7867	0.0000
	X_3	0.0004	0.0003	1.3208	0.1866
	X_4	0.0013	0.0014	0.9652	0.3345
	X_5	-1.6077	0.1216	-13.2258	0.0000
	R-squared = 0.63694　F = 33.1244				

续表

	变量	系数	标准差	T值	P值
（模型二）以每股经营现金流量作为因变量进行回归分析	D	-0.1621	0.0283	-5.7304	0.0000
	X_1	0.0053	0.0023	2.3046	0.0212
	X_2	0.1085	0.0075	14.4387	0.0000
	X_3	0.000003	0.0002	0.0224	0.9821
	X_4	-0.0024	0.0007	-3.3793	0.0007
	X_5	1.2647	0.0636	19.8853	0.0000
	R - squared = 0.4536　F = 84.81				
（模型三）以总资产收益率作为因变量进行回归分析	D	0.1307	0.0839	1.5582	0.1192
	X_1	6.0807	0.0068	888.2316	0.0000
	X_2	-0.1083	0.0223	-4.8561	0.0000
	X_3	-0.0002	0.0004	-0.4712	0.6375
	X_4	-0.0132	0.0021	-6.2667	0.0000
	X_5	-0.3460	0.1886	-1.8339	0.0667
	R - squared = 0.991137　F = 54603.46				
（模型四）以托宾Q值作为因变量进行回归分析	D	-0.1843	0.0704	-2.6180	0.0089
	X_1	-1.3045	0.0616	-21.1886	0.0000
	X_2	-0.7202	0.0189	-38.1177	0.0000
	X_3	0.0001	0.0004	0.2790	0.7802
	X_4	-0.0018	0.0018	-1.0103	0.3124
	X_5	-1.5777	0.1583	-9.9666	0.0000
	R - squared = 0.280548　F = 189.3586				

从表7.4可以看出，对于模型一，以每股收益作为被解释变量，根据Hausman检验选择个体固定效应模型进行回归。该模型中R - squared为0.63694，F值为33.1244，说明模型拟合程度较好，整体上是显著的；企业使用衍生工具投机套利的虚拟变量系数为正值，且通过T检验，说明企业使用衍生工具投机套利可以提高企业的每股收益，假设H11得到验证。

对于模型二，以每股经营现金流量作为被解释变量，根据Hausman检验选择个体固定效应模型进行回归。该模型中R - squared为0.4536，

F值为84.81，说明模型拟合程度较好，整体上是显著的；企业使用衍生工具投机套利的虚拟变量系数为负值，且通过T检验，说明企业使用衍生工具投机套利并没有提高企业的每股经营现金流量，与假设H12矛盾。

对于模型三，以总资产收益率作为被解释变量，根据Hausman检验选择个体固定效应模型进行回归。该模型中R－squared为0.991137，F值为54603.46，说明模型拟合程度较好，整体上是显著的；企业使用衍生工具投机套利虚拟变量系数为正值，但是没有通过T检验，假设H13未得到验证。

对于模型四，以托宾Q值作为被解释变量，根据Hausman检验选择个体随机固定模型进行回归。该模型中R－squared为0.280548，F值为189.3586，说明模型拟合程度较好，整体上是显著的；企业使用衍生工具投机套利虚拟变量系数为负值，且通过T检验，说明企业使用衍生工具投机套利没有提高企业的托宾Q值，与假设H14矛盾。

综上所述，与套期保值行为与企业价值代理变量之间呈负相关关系不同，上市企业投机套利行为与企业价值的不同代理变量之间的关系存在显著差异，企业使用衍生工具投机套利提升了企业的每股收益，并对企业总资产收益率有一定的正向影响，但是却降低了企业的每股经营现金流量和托宾Q值。这是由于一般情况下企业每股收益表示企业发行在外的普通股在一定的经营时期内通过一定方法能够分摊获得的收益净额，而每股经营现金流量建立在现代会计制度基础之上，是企业发行在外的普通股在一定经营时期内分摊占有的现金流量。从企业经营和会计计量角度看，企业的收益比现金流量更加容易粉饰和操纵，现金流量指标很少会受到会计估计、分摊、收入提前或递延确认等经营行为的影响；而套期保值准则在实际操作中给企业在初始需确认、后续计量和信息披露方面留有一定的盈余管理的空间，从而为企业粉饰财务报表、操纵利润提供了可能：一方面，衍生工具作为一种复杂的金融工具，其价值很大程度依赖估值模型确定，导致其价值具有很大不确定性；另一方面企业可以利用套期会计将未实现亏损计入资本公积，进行盈余管理。本书认为，以上四个回归结果的差异很可能与企业管理层通过衍生工具投机套利粉饰经营业绩、进行盈余管理有关，这一结论与上一节提出的企业管理层持股比例越高，企业使用衍生工具进行投机套利的动机越强烈的观点具有内在的一致性。虽然企业可以利用对衍生工具的估值粉饰业绩，但是却无法改变企业的经营性现金流量情况，这也就解释了回归结果存在背离的原因。进一步地，在认识到管理层可能通过投机行为套利粉饰业绩的情况下，市场上的投资者对企业的价值评估就会出现下降，这也就是托宾 Q 值与企业投机套利行为之间存在负相关关系的原因。

7.4 投机套利与企业风险的实证分析

本节参照 6.3 节的研究方法主要研究企业投机套利行为是否增加了企业总风险和系统风险。

7.4.1 数据来源与变量定义

以第 3 章 3.4.3 节选出的投机套利企业样本组和对照组各 100 家作为研究对象。选取衡量企业系统风险的企业年度 Beta 值，衡量企业总体风险的个股收益率标准差年度值 Delta 作为被解释变量，将虚拟变量（H）企业是否使用衍生工具进行投机套利作为解释变量，以代表企业规模的总资产对数（X_1）、代表企业财务稳健性额利息保障倍数（X_2）、代表债务风险的资产负债率（X_3）、代表流动性的流动比率（X_4）、代表盈利性的总资产报酬率（X_5）、代表企业成长性的营业收入增长率（X_6）和表示企业内部治理的第一大股东持股比例（X_7）为控制变量进行回归分析，来验证7.1.3节中的假设H15－H16。

7.4.2 描述性统计与相关性分析

（1）描述性统计

表7.8提供了主要变量的描述性统计结果。

表7.8 变量描述性统计

	投机套利企业			未投机套利对照企业		
	均值	中位数	方差	均值	中位数	方差
Delta	0.0290	0.0282	0.0127	0.0291	0.0273	0.0158
Beta	1.1341	1.1467	0.2419	1.1427	1.1093	0.4159
X_1	22.2865	22.1039	1.3559	22.3447	22.3932	6.6585
X_2	4.1277	2.5367	94.3470	5.9276	2.3415	98.2810
X_3	0.4798	0.5030	0.1963	0.4707	0.4497	0.2435
X_4	2.1750	1.3705	2.9695	2.2302	1.3724	3.3596
X_5	4.5340	2.9344	25.2101	4.5505	2.8549	28.2253
X_6	-0.3748	0.1207	5.7732	0.1185	0.1061	3.3872
X_7	36.8922	34.9800	15.7511	37.3910	34.6645	19.3556

（2）相关性分析

为排除回归变量之间多重共线的影响，首先计算企业规模的总资产对数（X_1）、企业财务稳健性额利息保障倍数（X_2）、债务风险的资产负债率（X_3）、流动性的流动比率（X_4）、盈利性的总资产报酬率（X_5）、企业成长性的营业收入增长率（X_6）和企业内部治理的第一大股东持股比例（X_7）之间的简单相关系数，结果如表7.9所示。

表7.9 相关性分析表

	X_1	X_2	X_3	X_4	X_5	X_6	X_7
X_1	1.0000						
X_2	-0.0958	1.0000					

续表

	X_1	X_2	X_3	X_4	X_5	X_6	X_7
X_3	-0.1792	0.0360	1.0000				
X_4	-0.2396	0.0542	-0.0557	1.0000			
X_5	-0.1708	-0.0560	0.9343	0.0492	1.0000		
X_6	-0.0292	-0.0105	0.0027	0.0153	0.0070	1.0000	
X_7	0.3721	-0.0794	-0.0280	-0.1059	-0.0278	0.0287	1.0000

从表7.9可以看出，除了X_3和X_5这两个解释变量之外，其余解释变量之间的相关系数都小于0.8。

7.4.3 回归分析

首先，建立以企业总体风险的个股收益率标准差年度值Delta为被解释变量的回归模型，为了排除回归变量之间多重共线性的影响，第一步剔除长期负债比率（X_3）建立模型一进行回归分析；第二步剔除总资产额对数（X_5）建立模型二进行回归分析，具体结果如表7.10所示。

表7.10 投机套利对企业总风险影响的回归分析结果

	模型一（剔除X_3）				模型二（剔除X_5）			
	系数	标准差	T值	P值	系数	标准差	T值	P值
H	0.0002	0.0004	0.4940	0.6213	0.0004	0.0005	0.8912	0.3728
X_1	-0.0021	0.0001	-17.8567	0.0000	0.0001	0.0004	0.3257	0.7446
X_2	-0.00001	0.00000	-7.8519	0.0000	-0.0022	0.0001	-18.5172	0.0000
X_3					-0.00001	0.0000	-7.2804	0.0000
X_4	-0.00003	0.00001	-4.6879	0.0000	-0.0002	0.0000	-7.2044	0.0000
X_5	-0.0010	0.0001	-17.2652	0.0000				
X_6	-0.0001	0.0000	-3.3436	0.0008	-0.0010	0.0001	-17.9467	0.0000
X_7	0.00005	0.00001	4.4918	0.0000	-0.0001	0.0000	-3.2386	0.0012
R-squared=0.315 F=74.21					R-squared=0.362 F=81.77			

其次，建立以企业系统风险的企业年度 Beta 值为被解释变量的回归模型，为了排除回归变量之间多重共线性的影响，第一步剔除长期负债比率（X_3）建立模型三进行回归分析；第二步剔除总资产额对数（X_5）建立模型四进行回归分析，具体结果如表 7.11 所示。

表 7.11　投机套利对企业系统风险影响的回归分析结果

	模型三（剔除 X_3）				模型四（剔除 X_5）			
	系数	标准差	T 值	P 值	系统	标准差	T 值	P 值
H	0.0608	0.0120	5.0648	0.0000	0.0579	0.0120	4.8283	0.0000
X_1	0.0212	0.0032	6.6755	0.0000	0.0192	0.0032	6.0013	0.0000
X_2	-0.0003	0.0000	-6.7061	0.0000	-0.0003	0.0000	-5.6258	0.0000
X_3					-0.0084	0.0008	-10.2145	0.0000
X_4	-0.0203	0.0015	-13.1048	0.0000	-0.0219	0.0016	-14.0783	0.0000
X_5	-0.0013	0.0002	-8.8092	0.0000				
X_6	-0.0012	0.0007	-1.8635	0.0624	-0.0011	0.0007	-1.7521	0.0798
X_7	-0.0025	0.0003	-8.5661	0.0000	-0.0024	0.0003	-8.2995	0.0000
R - squared = 0.1069　F = 39.27					R - squared = 0.1791　F = 42.16			

从表 7.10 可以看出，以企业日个股收益率 Delta 作为被解释变量的模型一和模型二，根据 Hausman 检验均选择个体固定效应模型进行回归分析。根据回归模型结果，企业使用衍生工具投机套利的系数为正值，但是未能够通过 T 检验，说明企业使用衍生工具投机套利增加了企业的总风险，但是这种增加在统计上并不显著。

从表 7.11 可以看出，以企业系统风险的企业年度 Beta 值作为被解释变量的模型三和模型四，根据 Hausman 检验两个模型均选择个体固定效应模型进行回归分析。根据回归模型结果，企业使用衍生工具投机套利的系数为正值，且通过 T 检验，说明企业使用衍生工具投机套利增加了企业面临的系统性风险，这种影响在统计意义上显著。

7.5 投机套利与企业股价崩盘风险实证研究

本节参照第6章6.4节的研究方法，主要研究企业投机套利行为是否增加了企业股价崩盘风险。

7.5.1 数据来源与变量定义

按照第3章3.4.5节选出的100家投机套利企业作为研究样本。以衡量股价崩盘风险的三个指标 COUNT、NCSKEW 和 DUVOL 为被解释变量；解释变量是否运用衍生工具投机套利的虚拟变量 H、控制变量选取企业规模 SIZE、资产负债率 LEV、市值与账面价值之比 MTB、月平均超额换手率 DTURN、企业特有周收益率的标准差 SIGMA、股票的平均周特有收益率 RET 以及净资产收益率 ROA 进行回归分析，来验证7.1.3节中的假设 H17。

7.5.2 描述性统计与相关性分析

(1) 描述性统计

表7.12提供了主要变量的描述性统计结果。

表7.12　　解释变量相关系数

变量	投机套利企业			未投机套利企业		
	平均值	中位数	标准差	平均值	中位数	标准差
COUNT	-0.1495	0.0000	0.5541	-0.1503	0.0000	0.5779
NCSKEW	-0.3822	-0.3414	0.8155	-0.3797	-0.3115	0.8574
DUVOL	-0.2886	-0.2804	0.5416	-0.2884	-0.2533	0.5680

续表

变量	投机套利企业			未投机套利企业		
	平均值	中位数	标准差	平均值	中位数	标准差
DTURN	-0.0106	-0.0073	0.3737	-0.0089	0.0000	0.3850
SIGMA	0.0517	0.0497	0.0176	0.0504	0.0470	0.0249
RET	-0.0015	-0.0017	0.0076	-0.0015	-0.0014	0.0078
ROA	0.0318	0.0280	0.0582	0.0326	0.0276	0.0597
SIZE	22.2865	22.1039	1.3559	22.3447	22.3932	6.6585
MTB	1.1303	0.7763	1.2900	1.0909	0.7170	1.3521
LEV	0.5477	0.5301	1.4385	0.5362	0.4791	1.7451

（2）相关性分析

为排除回归变量之间多重共线的影响，计算虚拟变量 H、企业规模 SIZE、资产负债率 LEV、市值与账面价值之比 MTB、月平均超额换手率 DTURN、企业特有周收益率的标准差 SIGMA、股票的平均周特有收益率 RET 以及净资产收益率 ROA 之间的简单相关系数如表 7.13 所示。

表 7.13　　解释变量相关系数

	H	ROA	RET	NCSKEW	SIGMA	LEV	MTB	SIZE	DTURN
H	1.0000								
ROA	0.0011	1.0000							
RET	0.0082	0.0199	1.0000						
NCSKEW	0.0026	0.0132	-0.1351	1.0000					
SIGMA	-0.0015	-0.0170	0.3190	-0.0780	1.0000				
LEV	-0.0010	-0.1755	0.0093	-0.0212	0.0044	1.0000			
MTB	0.0060	-0.0065	-0.1237	-0.0483	-0.2847	-0.0026	1.0000		
SIZE	0.0245	0.0395	0.1675	-0.0379	-0.0393	-0.0235	0.0951	1.0000	
DTURN	-0.0091	-0.0185	0.0110	-0.1598	0.2857	0.0036	-0.1108	0.0782	1.0000

从表 7.13 可以看出，所有变量之间的相关系数都小于 0.8，并不存在严重的多重共线问题，可以将以上所有变量纳入回归模型进行分析。

7.5.3 回归分析

参照6.4节的研究方法，分别以t期的股价崩盘风险的度量指标COUNT、NCSKE和DUVOL作为被解释变量，分别以t-1期的解释变量和控制变量进行回归，构建三个回归模型，具体回归结果如表7.14所示。

以COUNT作为被解释变量，根据Hausman检验选择个体固定效应模型进行回归，该模型中R-squared为0.174，F值为88.43，说明模

表7.14　　滞后一年（t-1）的回归结果

	变量	系数	标准差	T值	P值
（1）以COUNT作为因变量回归结果	H	0.0961	0.0244	3.9355	0.0001
	$DTURN_{t-1}$	0.1132	0.0048	23.4629	0.0000
	LEV_{t-1}	0.0809	0.0061	13.2336	0.0000
	MTB_{t-1}	-0.0377	0.0014	-27.1486	0.0000
	$NCSKEW_{t-1}$	0.0248	0.0022	11.5163	0.0000
	RET_{t-1}	1.3778	0.2448	5.6282	0.0000
	ROA_{t-1}	0.1696	0.0132	12.8661	0.0000
	$SIGMA_{t-1}$	0.1085	0.1098	0.9881	0.3231
	$SIZE_{t-1}$	-0.0079	0.0016	-4.7835	0.0000
	R-squared=0.174　F=88.43				
（2）以DUVOL作为因变量回归结果	H	0.1419	0.0234	6.0523	0.0000
	$DTURN_{t-1}$	0.1921	0.0046	41.4692	0.0000
	LEV_{t-1}	0.0648	0.0059	11.0405	0.0000
	MTB_{t-1}	-0.0594	0.0013	-44.5812	0.0000
	$NCSKEW_{t-1}$	0.0409	0.0021	19.8086	0.0000
	RET_{t-1}	-1.1269	0.2351	-4.7925	0.0000
	ROA_{t-1}	0.1190	0.0127	9.3975	0.0000
	$SIGMA_{t-1}$	-0.9953	0.1055	-9.4375	0.0000
	$SIZE_{t-1}$	-0.0143	0.0016	-9.0866	0.0000
	R-squared=0.416　F=234.89				

续表

	变量	系数	标准差	T值	P值
(3) 以NCSKEW作为因变量回归结果	H	0.2093	0.0356	5.8864	0.0000
	$DTURN_{t-1}$	0.2595	0.0070	36.9229	0.0000
	LEV_{t-1}	0.1236	0.0089	13.8837	0.0000
	MTB_{t-1}	-0.0850	0.0020	-42.0402	0.0000
	$NCSKEW_{t-1}$	0.0550	0.0031	17.5387	0.0000
	RET_{t-1}	-0.7188	0.3567	-2.0153	0.0439
	ROA_{t-1}	0.2409	0.0192	12.5416	0.0000
	$SIGMA_{t-1}$	-0.4772	0.1600	-2.9828	0.0029
	$SIZE_{t-1}$	-0.0074	0.0024	-3.1122	0.0019
	R - squared = 0.364　F = 204.07				

型拟合程度较好，整体上是显著的；H的系数为0.0961，且通过T检验并在1%的统计水平上显著，说明企业投机套利与企业股价崩盘风险正相关，假设H17得到验证。

以DUVOL作为被解释变量，根据Hausman检验选择个体固定效应模型进行回归，该模型中R－squared为0.416，F值为234.89，说明模型拟合程度较好，整体上是显著的；H的系数为0.1419，且通过T检验并在1%的统计水平上显著，说明企业投机套利与企业股价崩盘风险正相关，假设H17也得到验证。

以NCSKEW作为被解释变量，根据Hausman检验选择个体固定效应模型进行回归，该模型中R－squared为0.364，F值为204.07，说明模型拟合程度较好，整体上是显著的；企业使用衍生工具投机套利系数为0.2093，且通过T检验并在1%的统计水平上显著，说明企业投机套利与企业股价崩盘风险正相关，假设H17也得到验证。

综合来看，滞后一期的解释变量H的系数分别关于COUNT、NCSKEW和DUVOL三个指标的回归结果都在1%的置信水平上显著大于零，因此可以断定滞后一期的企业的投机套利行为会显著增加当期企业股价崩盘风险。

7.6 稳健性检验

7.6.1 企业投机套利行为决定因子稳健性检验

这里使用产权比率替代资产负债率，使用账面市值比替代市盈率，使用速动比率替代流动比率进行对企业投机套利的决定因子和对企业价值影响回归的稳健性检验。

根据相关性检验结果，本书重新选取的速动比率和现金比率仍然存在多重共线性，有可能导致变量系数不显著，为了全面准确地进行分析，以是否投机套利的虚拟变量（D）、产权比率（X_1）、利息保障倍数（X_2）、长期负债比率（X_3）、账面市值比（X_4）、总资产额对数（X_5）、速动比率（X_6）、机构投资者持股比例（X_8）、管理层持股比例（X_9）和第一大股东持股比例（X_{10}）构建模型一，将模型一中的速动比率变量替换为现金比率（X_7）构建了模型二。稳健性回归结果如表 7.15 所示。

表 7.15 企业投机套利行为决定因子稳健性检验结果

	模型一				模型二			
	系数	方差	Z 值	P 值	系数	方差	Z 值	P 值
X_1	0.2706	0.6723	1.6211	0.3113	0.0331	0.2995	0.0833	0.1005
X_2	0.0000	0.0000	0.0372	0.2543	0.0000	0.0000	0.0024	0.5266
X_3	0.9879	0.9526	0.0895	0.2662	0.0312	0.7795	0.0384	0.7776
X_4	0.0002	0.0006	0.3264	0.4306	0.0001	0.0001	0.2920	0.5877
X_5	0.0212	0.0034	6.1836	0.0000	0.1110	0.0105	4.3196	0.0000
X_6	-0.0064	0.0062	-0.0022	0.4022				

续表

	模型一				模型二			
	系数	方差	Z 值	P 值	系数	方差	Z 值	P 值
X_7					-0.0071	0.0249	-0.3108	0.1061
X_8	-0.1922	0.0042	-8.8619	0.0000	-0.0221	0.0043	-10.6905	0.0000
X_9	2.0294	0.2659	1.6515	0.0307	0.5524	0.2608	0.5241	0.0045
X_{10}	0.0448	0.0038	0.2014	0.8404	0.0786	0.0003	0.3342	0.7383

通过以上稳健性检验可以看出，企业使用衍生工具进行投机套利行为与企业规模、管理层持股比例正相关，与机构投资者持股比例负相关，与前文结论一致。

7.6.2 企业投机套利对企业价值影响稳健性检验

这里以产权比率（X_1）替代资产负债率，对投机套利企业的相关变量数据进行回归分析，所得出结果如表 7.16 所示。

表 7.16 企业投机套利对企业价值影响稳健性检验结果

	变量	系数	标准差	T 值	P 值
（模型一）以每股收益作为因变量进行回归分析	D	0.2683	0.1049	0.3645	0.0000
	X_1	0.0256	0.0071	13.8948	0.0000
	X_2	0.2626	0.0203	17.0591	0.0000
	X_3	0.0002	0.0001	2.4566	0.2522
	X_4	0.0005	0.0011	0.4351	0.6464
	X_5	-3.1765	0.0939	-21.9133	0.0000
（模型二）以每股经营现金流量作为因变量进行回归分析	D	-0.0405	0.0044	-4.0967	0.0000
	X_1	0.0041	0.0026	2.3236	0.0387
	X_2	0.1620	0.0025	24.8420	0.0000
	X_3	0.0000	0.0001	0.0149	0.4071
	X_4	-0.0005	0.0013	-2.6703	0.0012
	X_5	0.0152	0.0796	1.5793	0.0000

续表

	变量	系数	标准差	T 值	P 值
（模型三）以总资产收益率作为因变量进行回归分析	D	0.1573	0.0798	2.1429	0.1936
	X_1	5.6605	0.0082	903.3580	0.0000
	X_2	-0.0971	0.0180	-7.2042	0.0000
	X_3	-0.0003	0.0002	-0.1683	0.6880
	X_4	-0.0225	0.0019	-6.7526	0.0000
	X_5	-0.1538	0.2106	-0.6243	0.0824
（模型四）以托宾 Q 值作为因变量进行回归分析	D	-0.0203	0.1028	-1.3403	0.0058
	X_1	-1.6996	0.0353	-25.2051	0.0000
	X_2	-0.1469	0.0089	-4.7164	0.0000
	X_3	0.0000	0.0000	0.3187	0.5747
	X_4	-0.0012	0.0028	-1.1568	0.3589
	X_5	-0.3672	0.2071	-7.6164	0.0000

通过以上数据可以看出，稳健性检验结果与前文一致，企业使用衍生工具投机套利提升了企业的每股收益，并对企业总资产收益率有一定的正向影响，但是却降低了企业的每股经营现金流量和托宾 Q 值。

7.6.3 企业投机套利对企业风险影响的稳健性检验

这里使用产权比率替代资产负债率作为企业债务风险的代理变量，使用速动比率替代流动比率作为企业流动性的代理变量，将投机套利虚拟变量（D）、总资产对数（X_1）、利息保障倍数（X_2）、产权比率（X_3）、速动比率（X_4）、总资产报酬率（X_5）、营业收入增长率（X_6）、第一大股东持股比例（X_7）作为自变量，分别以企业整体风险和系统性风险的代理变量，即企业日个股收益率 Delta 和企业系统风险变量 Beta 作为被解释变量进行回归，回归结果如表 7.17 和表 7.18 所示。

从表 7.17 可以看出，无论是剔除 X_3 还是剔除 X_5 企业使用衍生工具投机套利的系数均为正值，但是未能够通过 T 检验，说明企业使用衍生工具投机套利增加了企业的总风险，但是这种增加在统计上并不显著。

表 7.17　　企业投机套利对企业总风险影响稳健性检验结果

	模型一（剔除 X_3）				模型二（剔除 X_5）			
	系数	标准差	T 值	P 值	系数	标准差	T 值	P 值
H	0.0008	0.0004	1.8231	0.0684	0.0007	0.0004	1.6370	0.1017
X_1	-0.0025	0.0001	-22.3025	0.0000	-0.0026	0.0001	-23.3276	0.0000
X_2	-0.00002	0.0000	-9.4859	0.0000	-0.00001	0.00000	-8.9365	0.0000
X_3					-0.0002	0.00003	-8.9202	0.0000
X_4	-0.0005	0.0001	-6.1916	0.0000	-0.0006	0.00009	-7.1238	0.0000
X_5	-0.00003	0.00001	-5.2814	0.0000				
X_6	-0.00004	0.00002	-1.6602	0.0969	-0.00003	0.00002	-1.4856	0.1374
X_7	0.00006	0.00001	6.3894	0.0000	0.00007	0.00001	6.7260	0.0000
	R-squared = 0.251　F = 68.27				R-squared = 0.381　F = 115.53			

表 7.18　　企业投机套利对企业系统风险影响稳健性检验结果

	模型三（剔除 X_3）				模型四（剔除 X_5）			
	系数	标准差	T 值	P 值	系数	标准差	T 值	P 值
H	0.0748	0.0106	7.0661	0.0000	0.0720	0.0105	6.8236	0.0000
X_1	0.0203	0.0028	7.1590	0.0000	0.0177	0.0029	6.1962	0.0000
X_2	-0.0002	0.0000	-5.2198	0.0000	-0.0002	0.00004	-4.0992	0.0000
X_3					-0.0081	0.0007	-11.6535	0.0000
X_4	0.0134	0.0022	6.1025	0.0000	0.0109	0.0022	4.9541	0.0000
X_5	-0.0012	0.0001	-9.6476	0.0000				
X_6	-0.0007	0.0006	-1.1937	0.2326	-0.0006	0.0006	-1.0123	0.3114
X_7	-0.0020	0.0003	-7.8986	0.0000	-0.0019	0.0003	-7.6080	0.0000
	R-squared = 0.2321　F = 61.39				R-squared = 0.183　F = 53.22			

从表 7.18 可以看出，无论是剔除 X_3 还是剔除 X_5 企业使用衍生工具投机套利的系数均为正值，且通过 T 检验，说明企业使用衍生工具投机套利增加了企业面临的系统性风险，这种影响在统计意义上显著，因此稳健性回归结果与本章前文内容一致。

7.6.4 企业投机套利行为与企业股价崩盘风险稳健性检验

这里将模型中的总资产收益率（ROA）变量替换为 ROE（净资产收益率），将资产负债率（LEV）替换为产权比率（ER），将相关变量的 t-1 期数据带入本章前文的模型当中，回归结果如表 7.19 所示。

从表 7.19 可以看出，以 COUNT 作为因变量回归，企业使用衍生工具投机套利系数为正值，且通过 T 检验并在 1% 的统计水平上显著；以 DUVOL 作为因变量回归，企业使用衍生工具投机套利系数为正值，且

表 7.19　　滞后一年（t-1）回归结果

	变量	系数	标准差	T 值	P 值
（1）以 COUNT 作为因变量回归结果	H	0.1007	0.0244	4.1253	0.0000
	$DTURN_{t-1}$	0.1147	0.0050	23.0100	0.0000
	ER_{t-1}	0.0793	0.0063	12.6248	0.0000
	MTB_{t-1}	-0.0388	0.0014	-27.2968	0.0000
	$NCSKEW_{t-1}$	0.0248	0.0022	11.1311	0.0000
	RET_{t-1}	1.7414	0.2472	7.0449	0.0000
	ROE_{t-1}	0.1021	0.0209	4.8950	0.0000
	$SIGMA_{t-1}$	0.0223	0.1111	0.2003	0.8412
	$SIZE_{t-1}$	-0.0060	0.0003	-17.9426	0.0000
	R-squared = 0.221　F = 107.27				
（2）以 DUVOL 作为因变量回归结果	H	0.1470	0.0234	6.2928	0.0000
	$DTURN_{t-1}$	0.1963	0.0048	41.1489	0.0000
	ER_{t-1}	0.0585	0.0060	9.7246	0.0000
	MTB_{t-1}	-0.0601	0.0014	-44.2039	0.0000
	$NCSKEW_{t-1}$	0.0386	0.0021	18.0986	0.0000
	RET_{t-1}	-0.7588	0.2366	-3.2073	0.0013
	ROE_{t-1}	0.0574	0.0200	2.8763	0.0040
	$SIGMA_{t-1}$	-1.0664	0.1063	-10.0315	0.0000
	$SIZE_{t-1}$	-0.0081	0.0003	-25.2111	0.0000
	R-squared = 0.296　F = 148.19				

续表

	变量	系数	标准差	T 值	P 值
（3）以 NCSKEW 作为因变量回归结果	H	0.2122	0.0355	−5.9803	0.0000
	$DTURN_{t-1}$	0.2720	0.0072	37.5359	0.0000
	ER_{t-1}	0.1178	0.0091	12.8973	0.0000
	MTB_{t-1}	−0.0851	0.0021	−41.2165	0.0000
	$NCSKEW_{t-1}$	0.0553	0.0032	17.0517	0.0000
	RET_{t-1}	0.4191	0.3593	1.1664	0.2434
	ROE_{t-1}	0.1383	0.0303	4.5585	0.0000
	$SIGMA_{t-1}$	−0.9066	0.1615	−5.6149	0.0000
	$SIZE_{t-1}$	−0.0125	0.0005	−25.5703	0.0000
	R − squared = 0.303 F = 182.62				

通过 T 检验并在 1% 的统计水平上显著；以 NCSKEW 作为因变量回归，企业使用衍生工具投机套利系数为正值，且通过 T 检验并在 1% 的统计水平上显著。以上检验结果表明 t − 1 期的企业的投机套利行为对 t 期企业股价崩盘风险有正向作用，即企业投机套利行为增大了企业股票价格崩盘风险，与前文结论一致。

7.7 小结

本章深入研究了企业投机套利行为的动因以及对企业价值与风险的影响，与本书前 3 章关于套期保值的研究结果对比，可以得出以下结论：

①企业规模因素是企业投资衍生工具的影响因素，企业规模越大，就越有动力使用衍生工具进行套期保值或者投机套利，无论是投机套利还是套期保值，相比于规模较小的企业，大企业更有动力。

②使用衍生工具的企业套期保值行为和投机套利行为受企业管理层持股影响，企业管理层持股比例越高，其衍生工具投资更倾向于投机套

利非套期保值；此外，企业机构投资者持股比例越高，企业进行衍生工具投资就越少，其套期保值或者投机套利行为相应也会减少。

③企业使用衍生工具投机套利提升了企业的每股收益，并对企业总资产收益率有一定的正向影响，但是却降低了企业的每股经营现金流量和托宾 Q 值，由于企业管理层持股比例越高，企业投机套利的动机越强烈，这种情况的出现可能与企业管理层通过衍生工具投机套利粉饰经营业绩有关。本书认为，虽然企业可以利用对衍生工具的估值粉饰业绩，但是却无法改变企业的经营性现金流量情况；在认识到管理层可能通过投机行为套利粉饰业绩的情况下，市场上的投资者对企业的价值评估就会出现下降，因而投机套利企业托宾 Q 值与企业投机套利行为之间存在负相关关系。

④企业投机套利行为不显著增加了企业的总风险，显著增加了企业面临的系统风险，可以看出企业套期保值和投机套利行为对企业所面临的风险的影响存在显著差异。同时，我们发现 t-1 期企业的投机套利行为对 t 期企业股价崩盘风险有正向作用，企业投机套利行为增大了企业股票价格崩盘风险。本书认为企业通过衍生工具进行套期保值和投机套利行为本身都是一个具有指向意义的信息，由于在市场之前不少企业进行衍生工具投资巨亏信息影响，两个信息对市场投资者行为的“刺激”程度不同，投资者对企业投机套利行为会进行更快速的反应，结果造成了套期保值和投机套利对企业股价崩盘影响的时间上的差异。

第 8 章

主要结论与政策建议

8.1　研究结论

本书采集我国2007—2016年这10年间中国A股上市的3126家企业样本数据，通过逐份搜索研究期间上市公司年度报告，提取关键数据形成企业使用衍生工具数据库，并利用此数据库数据系统深入研究了企业使用衍生工具进行套期保值和投机套利的动因、对企业价值、总风险、系统风险，以及企业股价崩盘风险的影响，得到以下有意义的研究结论：

8.1.1　在企业套期保值、投机套利和套期保值深度动因方面的研究结论

①在企业套期保值动因方面，西方学者所提出的企业套期保值动因六类假说——减少预期税收假说、降低财务危机成本假说、避免投资不足假说、规模假说、替代假说和内部治理假说，我国A股上市企业存在规模假说和内部治理假提及的决定因子。减少税收预期假说、降低财务困境成本假说和避免“投资不足”假说未能得到实证分析的证实，这说明中国上市企业套期保值有部分动因与国外企业相一致，但是与国外主流的动机——减少预期税收、降低财务危机、避免投资不足相比仍然存在差异。

以上情况的出现本书认为主要有两方面原因：一是企业衍生工具使用存在一定客观限制。本书认为并非国内企业没有减少税收预期、降低财务危机、避免投资不足的动机，虽然国内市场上的衍生工具种类在不断丰富，但是就目前的情况看，我国的衍生工具市场相对西方国家成熟市场而言尚不健全，很多关键性的衍生工具没有推出，很多企业的套期

保值需求难以在市场上找到恰当的对应工具，套期保值工具是企业套期保值动因实现的载体，载体的缺失必然导致了动因表达的不完全；同时为了防止可能存在的投机风险，政策对于企业使用衍生工具套期保值要求严格，企业不能使用恰当、合理的衍生工具对冲全部风险。二是企业套期保值能力不足。正如本书前文所提出的，政府往往认为企业操作能力不强，容易陷入投机，所以政府在推进市场发展的过程中也会有较多顾虑，很多市场需要的产品没有及时放开，在政府以稳定市场为出发点的过度保护下，反而使得企业在发展过程中不能够得到市场很好的锤炼；由于我国市场起步晚，企业对于套期保值经验不足，市场上相关人才也不够多，企业及其对冲操作人员对衍生工具的理解认识程度不够，不能够正确运用工具进行套期保值。

②在套期保值深度的决定因素方面，企业套期保值深度决定因子在套期保值决定因子的基础上增加了“避免投资不足动因”的代理变量。因此，从整体上来看，西方学者提出的六种假说中的降低财务危机成本假说、避免投资不足假说、规模假说和内部治理假说相关因素都对我国上市企业套期保值行为深度产生了影响。

③企业规模越大，就越有动力使用衍生工具进行套期保值或者投机套利，其中管理层持股比例越高，企业越有可能投机套利，管理层持股比例越低，企业越有动力套期保值。以上结论与本书在理论分析部分提出的内部治理假说中的西方学者观点相反，与曹玉姗（2016）的研究结果一致。

本书认为以上情况的出现可能是由于以下三个方面的原因，后两个原因与我国特有的市场情况有关：第一是由于 A 股管理层对企业经营和市场形势判断可能存在过度自信，相信自身可以通过趋势研判同时获得商品市场和衍生工具市场两方面的利润，在这样的情况下，持股比例越高，管理层越有动力进行投机套利而非套期保值；第二是企业所有制的影响，与西方国家不同，我国 A 股上市企业既有国有企业，也有民营企业，特别是本书的研究样本中有不少企业就属于国有企业，其管理层行为除了受到市场影响之外，更多受到上级行政因素的影响，行政影响因素的存在限制了管理层的自利行为的自由度；第三是在 A 股企业治理机构中，存在减持限制等控制持股高管自利的因素，证监会 2007 年 4 月出台《上市企业董事、监事和高级管理人员所持本企业股份及其变动管理规则的通知》，规定上市企业管理层每年通过集中竞价、协议转让和大宗交易转让股份不得超过其持有本企业股份的 25%，在这样限制因素的存在下，考虑到套期保值失败的典型案例的广泛影响，不仅有股票价格的损失，还有名誉的损失，持股高管层套期保值的风险大于可能获得的利润。

8.1.2　套期保值、投机套利和套期保值深度对企业价值影响的研究结论

①A 股上市企业投资衍生工具进行套期保值行为微弱的降低了企业价值，而套期保值深度深的企业对企业价值有一定的提升作用。本书认为套期保值行为导致企业价值的下降，可能是由于企业套期保值高度有效性不足所致。为此在第 5 章分析了 2007 年至 2016 年每一年度所识别出来的使用衍生工具套期保值的企业数量，研究发现使用衍生工具进行套期保值的企业数量从 2007 年的 38 个增长到了 2016 年的 133 个，然而高度有效套期保值企业比例从 2007 年的 18.4% 左右下降到了 2013 年 10.1%，然后又逐步上升至与 2007 年相近的水平，10 年间高度有效套期保值平均水平 15.13%。因此，我们认为企业套期保值行为导致企业价值数据上的微弱下降可能与套期保值高度有效性不足有一定关系。

②企业使用衍生工具投机套利提升了企业的每股收益，并对企业总资产收益率有一定的正向影响，但是却降低了企业的每股经营现金流量和托宾 Q 值。本书认为，以上回归结果的背离很可能与企业管理层通过衍生工具投机套利粉饰经营业绩有关，这一结论与前文提出的企业管理层持股比例越高，企业使用衍生工具进行投机套利的动机越强烈的观

点具有内在的一致性。虽然企业可以利用对衍生工具的估值粉饰业绩，但是却无法改变企业的经营性现金流量情况，这也就解释了回归结果存在背离的原因。进一步地，在认识到管理层可能通过投机行为套利粉饰业绩的情况下，市场上的投资者对企业的价值评估就会出现下降，这也就是托宾 Q 值与企业投机套利行为之间存在负相关关系的原因。

8.1.3 套期保值、投机套利和套期保值深度对企业风险、股价崩盘风险影响的研究结论

①企业使用衍生工具套期保值行为和深度都降低了企业面临的系统风险，这种降低在统计意义上显著；同时企业套期保值行为和深度很可能降低企业的总风险，但是这种影响在统计上不显著。

②通过第 6 章的实证分析，本书证明了企业使用衍生工具套期保值进行风险对冲，能够降低传递企业管理层能力的信号中的“噪音”，提升信息传递的有效性，降低信息不对称，提高会计信息透明度。

③通过回归分析，分别以一年和两年作为估计区间，即以全部 2007—2016 年 10 年的 A 股企业 t-1 期和 t-2 期的相关数据指标作为解释变量，分别以 COUNT、NCSKEW 和 DUVOL 三个指标作为被解释变量，分别进行了三次回归分析，验证了企业使用衍生工具套期保值确实可以降低企业股票价格崩盘风险，这一影响存在两年的滞后性。而企业套期保值深度对企业崩盘风险的降低作用仅滞后一年，说明套期保值深度在市场上的信息传递效果要强于企业套期保值行为指标，企业套期保值程度越深，这一降低效应传递就越快。

④本书认为套期保值行为降低了企业价值，同时降低了企业股价崩盘风险的结论之间并不矛盾，企业使用衍生工具进行套期保值对企业价值的影响是企业经营方面的问题，而对股票价格的影响主要是投资者对企业判断和认识的问题。股票价格的突然崩盘体现的是投资者因为信息不对称而对企业价值的判断与企业实际价值之间产生了巨大的差异。虽

然企业套期保值行为降低了企业的价值，但同时也降低了投资者价值判断与企业实际价值之间的差异，即企业套期保值行为同时影响了企业的价值和投资者的价值判断，并降低了两者的差异，所以第 5 章的结论与本章的结论有着内在联系。

⑤企业使用衍生工具投机套利行为对企业风险、股价崩盘风险的影响与套期保值相反，企业投机套利行为不显著增加了企业的总风险，显著增加了企业面临的系统风险；t－1 期企业的投机套利行为对 t 期企业股价崩盘风险有正向作用，企业投机套利行为增大了企业股票价格崩盘风险，这表示企业投机套利行为在市场上的信息传递效果要强于企业套期保值行为指标。

8.2 相关政策建议

根据前文分析，我国目前 A 股企业使用衍生工具的情况与西方成熟市场存在一定差异，我国上市企业利用衍生工具对冲所面临的经营风险的合理动机没有完全体现。从理论上讲，套期保值应该是稳定企业经营，提升企业价值的重要手段，但是我国 A 股上市企业实际情况与理论分析存在差异。结合前文论述，本书从政府和企业两个视角提出以下几个方面的政策和管理建议：

①为进一步释放企业的合理套期保值需求，提高企业对冲风险能力，政府应进一步加强我国衍生工具市场建设，打好市场基础，加强金融创新，推出更多符合我国国情和市场形势的衍生工具，规范市场信息披露细则，加强市场监管。

第一，打好现货市场基础。从目前的情况看，我国总体衍生工具市场的发展还处于起步阶段，而衍生工具市场作为现货交易市场的上层建筑，其发展有赖于现货市场的充分支撑，对于市场建设者而言，首先的一点就是要打好衍生工具市场发展的现货市场基础，大力推进大宗商品、各类证券和票据市场发展；其次，对于现货市场已经发展较为成熟的细分领域，应尽快推出相应的衍生工具，推动衍生工具市场和现货市场合理互动，彼此促进发展。

第二，加强创新，结合我国实际推出更多合理适用的衍生工具。通过本书第 3 章的分析可以看出，我国 A 股上市公司所投资的衍生工具种类不多，且较为集中，目前主要投资的类型还是远期和期货，互换和其他衍生工具（包括期权、掉期等工具）期货和远期合约风险定价相对复杂，使用企业较少；市场参与主体行业分布存在非常明显的行业特征，主要集中在制造业、采矿业，参与主体的多元性不够，中国企业尚未达到对衍生工具的广泛和灵活运用。本书认为，政府应鼓励金融创新，加快我国衍生工具市场的发展，尽快扭转我国衍生产品市场发展较为落后，套期保值工具较少的现状。加强衍生工具的创新一方面有利于发展多层次衍生工具市场体系，通过尽可能提供多样化的衍生工具，丰富企业的工具库，让企业在生产、投资、运营各个过程中进行风险控制时可以有更多更合适的选择；另一方面有利于通过化解国内日常经营中面临的各类风险，使企业价值增加，进而推动我国经济平稳健康发展。同时，通过增加市场参与主体、提升工具品种，扩大套期保值工具的交易范围，可以不断解决企业有相应动机却没有实现动机之渠道的问题。

第三，加强市场监管，提高信息披露要求。对于市场规则制定者而言，衍生工具杠杆高、风险相对较大，容易在交易中引发投机行为。从目前情况看，银保监会合并一定程度上解决了多机构监管，缺乏统一协调的监管有效性问题，但分机构监管的问题仍然存在，市场的管理者应进一步制定和完善市场运行和交易规则，不断健全法律体系，制定完善的操作规程，引导企业合理有序加入市场，建立完善的信息披露、监管制度，以制度为依托，保证衍生工具市场的健康平稳运行。通过本书的分析可以看出，充分有效的信息披露可以降低企业股票价格崩盘风险，提升市场的稳定性，同时由于目前信息披露的不充分，投资者对于企业套期保值行为仍存有疑虑，影响了企业市场价值的准确判定，同时也使得套期保值行为对企业股价崩盘风险的影响存在一定的滞后性。政策制定者在现有的会计准则的基础上，应该加快完善我国有关衍生工具的会计制度和信息披露制度，进一步规范上市公司衍生工具投资信息披露细则，要求上市公司在定期报告中充分披露衍生工具持有的类别和持有目的，企业的风险管理政策以及相关公允价值信息，要进一步披露其对衍生产品使用的情况，特别是关于套期保值程度衡量方面的数据。同时，增强审计独立性，引入外部监督机制，加强内部审计和外部审计，使企业行为更加透明。

第四，政府要适度放松对企业的保护心态，加强宣传教育，提高企业作为投资主体的投资水平，让企业作为投资主体，能够了解投资标的作用、风险，提高企业驾驭衍生工具的能力，实现理性投资，让企业成为能动的投资主体，健全企业的投资动机。从本书第 3 章的分析来看，虽然从 2007 年至 2016 年，A 股上市公司中参与套期保值的企业数量在不断增加，但是套期保值高度有效的企业占总体套期保值企业的比重并没有明显地提升，这说明了 A 股上市公司的套期保值意识虽然有所提升但能力仍然不足。提升企业套期保值投资能力，除了企业内部要开展工作以外，在企业外部，政府应该提供充分的环境让企业在实际投资过程中得到锻炼和成长。本书认为提高企业投资能力，健全企业投资动机在目前的经济形势下尤为重要。一段时间以来，在强监管严监管的经济背景之下，企业面临的去杠杆压力前所未有，企业投融资行为受到抑制，而中国尚未有相关衍生工具可以保护企业投资动机，使企业有能力运用衍生工具来避免投资不足，对冲投资风险，因此本书建议政府应该适当考虑推出相关风险对冲衍生工具，引导企业转型发展，使得企业能够在经济下行期间合理对冲风险，运用衍生工具产生投资冲动，使得中国经济增长能够顺利换挡提速，尽快走出“L”型增长期，实现长久有效增长。

②企业应该提高风险意识，树立正确的风险管理理念，建设专门的

风险管理体系，大力培养衍生工具投资的专业人才。本书通过研究发现，不少企业在使用衍生工具进行套期保值时，并没有达到预期的要求，由于我国市场管制较为严格，很多企业违规操作，通过地下渠道参与国外衍生产品交易，其交易产品大多没有通过交易所正规交易，产品都由投行设计兜售，通过双方私下协定，容易造成重大亏损，多年来媒体频频爆出企业因投资衍生工具而发生亏损的消息，究其原因，主要是企业内部运用衍生产品进行风险管理的操作水平及风险控制存在问题。相关建议如下：

第一，树立正确的风险理念，提高风险控制意识。通过本书的研究发现，对于一定规模的企业而言，企业管理层持股比例越高，企业进行投机套利、业绩粉饰的冲动就越强烈。对于国内 A 股上市公司管理层而言，这样的动机和行为无疑会放大企业所面临的风险，只有充分认识到衍生工具的高杠杆特性，树立审慎经营的风险管理理念，采取有效的手段管理企业所面临的不确定性风险，才能真正有效运用衍生工具稳定经营。

第二，企业应当完善自身内部法人治理结构，建立全面的风险内控机制。从目前的情况看，机构投资者持股，对于企业套期保值有着正面的促进意义。在企业衍生工具投资的过程中，应当更加充分利用现代公司治理体系中的制衡机制，董事会在宏观上确定企业的风险偏好和风险原则，对企业套期工具及投资的程序、制度和政策进行整体把控；高管人员应当在董事会的授权、所建立的原则和程序下开展衍生工具的投资管理工作；监事会应及时对企业衍生工具的投资行为进行监督。在企业的实际经营层面，应当围绕董事会确定的风险偏好和风险管理原则，建立一套完整的风险内控机制，设立独立于业务部门的风险管理部门，通过建立一套完整的风险防范和内控管理制度，对衍生工具投资业务进行制约，对发现的问题进行修正。在建立制度的同时，开展定期的内外部审计，定期对相关制度的执行情况进行回头看，对于不适用的制度进行及时调整，对出现的问题及时采取相关措施预防或者降低损失。

第三，企业应当大力培养关于衍生工具使用方面的人才，建立合理科学的激励约束机制。相对外国衍生工具的发展历史，我国衍生工具市场起步晚，发展历程短，制约因素多，相关人才的培养机制不够完善，导致衍生工具使用方面的人才匮乏，精通国际市场各类交易模式和交易规则的人才更是稀缺。在实际交割操作过程中，企业使用衍生工具的对冲的操作水平低且成本较高，使得进行套保的企业容易遭遇重大损失。随着中国进一步扩大对外开放，企业面临的市场宏观环境进一步复杂，中国企业亟须培养一批熟悉境内外衍生工具业务，懂得国内外相关领域法律法规和政策的复合型交易人才，并通过合理的激励约束机制留住人才，控制风险。

第四，审慎开展境外衍生工具投资业务。客观上来讲，我国境外的衍生工具市场相对发达，衍生工具种类更加丰富，更能够满足企业的各类动因需求，但是由于衍生工具交易相对复杂，考虑到国内外市场情况、法律法规情况的差异，我国企业业务经验还是相对不足，交易规则还是不熟悉，相比国外的交易对手，我们是更加弱势的一方。考虑到企业的发展和经验的积累，本书建议相关企业一方面不要因为市场不熟悉而裹足不前；另一方面要做好充分的研究和尽职调查，做好投资前得各项准备工作，开展审慎交易，逐步积累交易经验，提高交易水平。

8.3　研究展望

虽然本书对我国企业使用衍生品的行为及对企业的影响进行了深入地研究，但在研究过程中发现下面的几个问题也值得进一步深入研究：

①本书在企业套期保值行为决定因素的分析过程中提出，企业部分套期保值动因与西方国家的差异可能受到企业所有制的影响，考虑到本书所研究的企业样本量较大，未能够将企业所有制差异纳入研究框架，

在研究中没有能够区分国有企业和民营企业动因差异。在后续研究中以企业所有制视角对企业套期保值行为进行研究是一个有价值的研究方向。

②本书在第 3 章进行样本分类时发现，不同行业的企业使用衍生工具套期保值的行为有着明显的行业差异，那么企业套期保值行为的决定因素是否会受到行业因素的影响？企业套期保值行为对企业价值的影响是否因行业的差异而有所不同？如果存在行业差异，这背后的机制和逻辑是什么？因此从行业视角对企业套期保值动因进行分别对比研究也是一个有价值的研究方向。

③在对样本分类时发现 10 年内我国企业有 308 家进行过套期保值，其中只有 2 家企业 10 年间连续进行套期保值，27 家企业有 5 年进行过套期保值，114 家企业只有 1 年进行过套期保值，显然企业进行套期保值的差异较大。因此，从套期保值频次视角对研究企业套期保值行为是一个有意义的选题。

参考文献

［1］李晓华．区域发展新动能何在［J］．人民论坛，2018，（17）：82－83.

［2］程军．我国金融衍生品风险管理研究［J］．现代商业，2018，（10）：85－86.

［3］王桂英．基于衍生金融工具会计核算问题的比较与分析［J］．商业会计，2008，（18）：35－36.

［4］郭锋，秦川川．金融服务法视角下的金融投资商品类型化研究［J］．金融服务法评论，2018，（1）：23－27.

［5］刘晓晗．我国信用违约互换监管法律制度研究［D］．上海师范大学，2018.

［6］刘炜．套期保值在投资项目工程成本控制的应用［J］．现代经济信息，2018，（3）：210－213.

［7］陈礼弼．国有供应链企业全面风险管理分析与控制研究［J］．企业改革与管理，2018，（9）：24－25.

［8］陈国进，张贻军，王磊．股市崩盘现象研究评述［J］．经济学动态，2008，（11）：116－120.

［9］薛宏刚，何乔，王浩．中国上市企业套期保值动因的实证分析［J］．西南民族大学学报（人文社科版），2016，37（12）：137－141.

［10］Smith C W，Stulz R M. The Determinants of Firms' Hedging Policies［J］．Journal of Financial & Quantitative Analysis，1985，20（4）：391－405.

［11］Nance D R，Smith C W，Smithson C W. On the Determinants of Corporate Hedging［J］．Journal of Finance，1993，48（1）：267－284.

[12] Graham J R, Rogers D A. Do Firms Hedge in Response to Tax Incentives? [J]. Journal of Finance, 2002, 57 (2): 815 -839.

[13] Dolde W. The Trajectory of Corpora Financial Risk Management [J]. Journal of Applied Corporate Finance, 1993, 6 (3): 33 -41.

[14] Bodnar G M, Jong A D, Macrae V. The impact of institutional differences on derivatives usage: A comparative study of US and Dutch firms [J]. European Financial Management, 2003, 9 (3): 271 -297.

[15] Söhnke M. Bartram, Gregory W. Brown, John E. Hund. Estimating systemic risk in the international financial system [J]. Social Science Electronic Publishing, 2007, 86 (3): 835 -869.

[16] Hilliard J E, Huang P. An empirical analysis of multi - period hedges: Applications to commercial and investment assets [J]. Journal of Futures Markets, 2005, 25 (6): 587 -606.

[17] Lin, C. M. , and S. Smith, Hedging, financing and investment decisions: A simultaneous Equations framework [J]. The Financial Review, 2007, 42 (2): 191 -204.

[18] Yip W H, Nguyen H. Exchange rate exposure and the use of foreign currency derivatives in the Australian resources sector [J]. Journal of Multinational Financial Management, 2012, 22 (4): 151 -167.

[19] Jensen M C, Meckling W H. Theory of the firm: Managerial behavior, agency costs and ownership structure [J]. Ssrn Electronic Journal, 1976, 3 (76): 305 -360.

[20] Rawls SW, Smithson CW. Strategic risk management, continental bank [J]. Journal of Applied Corporate Finance, 1990, (2): 6 -18.

[21] Covitz D M, Sharpe S A. Do Nonfinancial Firms Use Interest Rate Derivatives to Hedge [J]. Ssrn Electronic Journal, 2005, (3): 8 -13.

[22] Fehle F, Tsyplakov S. Dynamic risk management: Theory and evidence [J]. Journal of Financial Economics, 2005, 78 (1): 3 -47.

[23] Wei K D, Starks L T. Foreign Exchange Exposure Elasticity and Financial Distress [J]. Financial Management, 2013, 42 (4): 709 – 735.

[24] Myers S C. Determinants of corporate borrowing [J]. Journal of Financial Economics, 1976, 5 (2): 147 – 175.

[25] Carter D A, Rogers D A, Simkins B J. Does Hedging Affect Firm Value? Evidence from the US Airline Industry [J]. Financial Management, 2006, 35 (1): 53 – 86.

[26] Nance D R, CW Smith Jr, C Smithson. On the determinants of corporate hedging [J]. Journal of Finance, 1993, 48 (1): 267 – 284.

[27] Lel Ugur. Currency hedging and corporate governance: A cross – country analysis [J]. International Finance Discussion Papers, 2006, 18 (2): 221 – 237.

[28] Tufano, R, Who Manages Risk? An Empirical Examination of Risk Management Practices in the Gold Mining Industry [J]. Journal of Finance, 1996, 51 (4): 1097 – 1137.

[29] 贾炜莹，陈宝峰．风险管理对我国上市企业价值和业绩影响的实证研究——基于衍生工具的运用 [J]．财会通讯，2009，(27): 6 – 8.

[30] 王艳．衍生工具套期保值：选择与后果 [D]．西南财经大学，2012.

[31] 张万里．外向型企业应用衍生工具动因的实证研究 [J]．浙江金融，2013，(3): 60 – 63.

[32] 戴致光．企业套期保值的决定因素——基于有色金属行业的经验研究 [J]．财经理论与实践，2013，34 (1): 43 – 46.

[33] 罗斯琦．上市企业套期保值行为的决定因素研究 [J]．统计与决策，2014，(14): 172 – 175.

[34] 张倩，冯芸．套期保值还是投机——基于中国上市企业的实证分析 [J]．中国工业经济，2014，(12): 143 – 155.

［35］曹玉珊．管理层权力会推动企业进行衍生工具投机吗？——来自中国上市企业的证据［J］．当代财经，2016，（6）：107－117.

［36］章愈婧．机构投资者、财务困境与企业套期保值——基于制造业上市企业的经验数据［J］．商业会计，2018，（4）：23－29.

［37］康翻莲．公司价值最大化还是经理层自利？——我国企业使用衍生金融工具的动机［J］．中国证券期货，2012，（4）：65－66.

［38］都红雯，陈高才．公司运用衍生工具进行套期保值活动的动因分析［J］．商业研究，2004，（19）：159－162.

［39］黄晓艳．企业套期保值有效性影响因素研究［J］．广东社会科学，2015，（2）：23－30.

［40］蔡丽琴．企业运用衍生金融工具的影响因素分析——以我国台湾地区电子业为例［J］．财会通讯：综合，2015，（8）：99－105.

［41］郑夏莉．商品期货套期保值对企业投资效率的影响研究［J］．时代金融，2015，（6）：143－144.

［42］马孝先，周连超，郑萍．商业银行衍生金融工具配置动因中美比较分析［J］．宏观经济研究，2013，（3）：81－88.

［43］马施．上市公司财务压力与衍生金融工具运用研究［J］．现代管理科学，2017，（1）：115－117.

［44］柯健．上市公司使用金融衍生产品动机的实证研究［J］．天津商业大学学报，2009，29（5）：15－21.

［45］邱琼，顾晓安，李文卿．使用衍生金融工具会增加企业财务风险吗？［J］．上海金融，2016，（8）：43－50.

［46］李献刚．套期保值业务对企业绩效影响的实证研究［J］．财经界（学术版），2015，（21）：133－135.

［47］安毅，宫雨．我国农产品期货市场投机特征与非理性行为［J］．证券市场导报，2014，（5）：46－51.

［48］孙叶萌，侯粲然．我国上市公司管理者过度自信与衍生金融工具运用动机的实证研究［J］．社会科学辑刊，2015，（3）：109－117.

［49］周莹．衍生工具对冲的新动机——平滑利润［J］．中国乡镇企业会计，2014，（6）：31－32.

［50］黄世忠，Shizhong H，王晓珂．衍生工具和企业风险管理——基于A股非金融类上市公司的实证研究［J］．厦门大学学报（哲学社会科学版），2016，（1）：128－137.

［51］许润发，荆阳．衍生金融工具的使用对企业负债融资期限结构影响的实证研究［J］．对外经贸，2014，（2）：140－142.

［52］Modigliani F，Miller M H. The Cost of Capital，Corporation Finance，and the Theory of Investment：Reply［J］．American Economic Review，1959，49（4）：655－669.

［53］Hentschel L，Kothari S P. Are Corporations Reducing or Taking Risks with Derivatives?［J］．Journal of Financial & Quantitative Analysis，2001，36（1）：93－118.

［54］Lookman A A. Does Hedging Increase Firm Value? Evidence from Oil and Gas Producing Firms［J］．Efa Maastricht Meetings，2004，（8）：24－28.

［55］Allayannis G，Weston J P. The Use of Foreign Currency Derivatives and Firm Market Value［J］．Review of Financial Studies，2001，14（1）：243－276.

［56］Mackay P，Moeller S B. The Value of Corporate Risk Management［J］．Journal of Finance，2007，62（3）：1379－1419.

［57］Carter D A，Rogers D A，Simkins B J. Does Hedging Affect Firm Value? Evidence from the US Airline Industry［J］．Financial Management，2006，35（1）：53－86.

［58］Giraldo－Prieto C A，Uribe G J G，Bermejo C V，et al. Financial hedging with derivatives and its impact on the Colombian market value for listed companies［J］．Contaduría Y Administración，2017，62（5）：1572－1590.

［59］ Jin Y, Jorion P. Firm Value and Hedging: Evidence from U. S. Oil and Gas Producers ［J］. Journal of Finance, 2006, 61 (2): 893 -919.

［60］ Jin Y, Jorion P. Firm Value and Hedging: Evidence from U. S. Oil and Gas Producers ［J］. The Journal of Finance, 2006, 61 (2): 893 -919.

［61］ Brown G W, Toft K B. How Firms Should Hedge ［J］. Review of Financial Studies, 2002, 15 (4): 1283 -1324.

［62］ 张津，刘婉立．衍生工具套期保值与企业价值关系研究［J］．北方工业大学学报，2013，25（2）：72 -77.

［63］ 李献刚．套期保值业务对企业绩效影响的实证研究［J］．财经界（学术版），2015，（21）：133 -135.

［64］ 郑夏莉．商品期货套期保值对企业投资效率的影响研究［J］．时代金融，2015，（6）：143 -144.

［65］ 冯帆，黄翌飘．外汇衍生工具对冲对企业价值的影响——基于我国制造业上市企业的实证研究［J］．国际商务：对外经济贸易大学学报，2016，（4）：93 -104.

［66］ 李梦，陈奉先．外汇衍生工具、汇率风险暴露与企业价值——来自中国制造业上市企业的经验证据［J］．金融经济学研究，2017，（6）：44 -54.

［67］ 李黎，张羽．金融衍生品交易与商业银行绩效——基于美国的经验［J］．管理科学，2009，22（4）：74 -86.

［68］ 杨书．利率衍生工具对我国上市银行绩效的影响［J］．中国市场，2016（33）：101 -103.

［69］ 周鸿卫，陈莉．利率衍生工具对银行净利息收益率决定的影响研究［J］．国际金融研究，2016，345（1）：60 -68.

［70］ 郭飞，郭慧敏，张桂玲．利润波动性与衍生工具使用：基于国有上市公司的实证研究［J］．会计研究，2017，（3）：22 -29.

[71] 李连华，杨晨杰. 企业衍生工具使用效果的实证分析——基于现金流动风险监控视角 [J]. 财经论丛，2014，(6)：53-59.

[72] 王甲. 浅析公司运用金融衍生品财务动因 [J]. 中国证券期货，2013，(6)：105.

[73] 祁甘露. 衍生工具使用行为对公司价值影响实证研究 [D]. 2011.

[74] 冷薇薇，陈向明. 衍生金融工具对上市公司经营业绩影响的实证分析 [J]. 经济研究参考，2015，(41)：89-93.

[75] 梁彦. 衍生金融工具应用与企业经营业绩关系实证研究 [J]. 财会通讯，2013，(20)：20-22.

[76] 郭飞. 外汇风险对冲和公司价值：基于中国跨国公司的实证研究 [J]. 经济研究，2012，(9)：18-31.

[77] 罗孝玲，马世昌，杨怀东. 商品期货套期保值对企业价值的影响 [J]. 商业研究，2011，(7)：1-8.

[78] 张欣，孙刚. 外汇衍生工具、汇率风险对冲与出口企业盈利能力——来自中国上市企业的经验证据 [J]. 财经论丛（浙江财经大学学报），2015，(1)：39-45.

[79] 陈炜，王弢. 衍生工具使用对企业价值和业绩影响的实证检验 [J]. 证券市场导报，2006，(03)：54-59.

[80] 戴致光. 非金融企业套期保值与股东价值——一个实证研究的理论综述 [J]. 求索，2012，(3)：23-25.

[81] 张瑞君，程玲莎. 管理者薪酬激励、套期保值与企业价值——基于制造业上市企业的经验数据 [J]. 当代财经，2013，(12)：117-128.

[82] 高佳. 套期保值、投机对企业风险及业绩的影响研究 [D]. 杭州电子科技大学，2013.

[83] 段军山，杨帆. 套期保值行为提升银行绩效了吗 [J]. 广东财经大学学报，2015，30 (2)：46-55.

[84] Guay W R. The impact of derivatives on firm risk: An empirical examination of new derivative users 1 [J]. Journal of Accounting & Economics, 1999, 26 (1-3): 319-351.

[85] Allayannis G, Ofek E. Exchange rate exposure, hedging, and the use of foreign currency derivatives [J]. Journal of International Money & Finance, 1997, 20 (2): 273-296.

[86] Yong H H A, Faff R, Chalmers K. Derivative activities and Asia-Pacific banks' interest rate and exchange rate exposures [J]. Journal of International Financial Markets Institutions & Money, 2009, 19 (1): 16-32.

[87] Zhou V Y, Wang P. Managing foreign exchange risk with derivatives in UK non-financial firms [J]. International Review of Financial Analysis, 2013, 29 (29): 294-302.

[88] Noma M. Hedging and Taking Risk: On the Role of Derivatives and Stock Options [J]. Social Science Electronic Publishing, 2007, (21): 33-36.

[89] Ball R. Market and political/regulatory perspectives on the recent accounting scandals [J]. Journal of Accounting Research, 2009, 47 (2): 277-323.

[90] Kothari S P, Shu S, Wysocki P D. Do managers withhold bad news? [J]. Journal of Accounting Research, 2009, 47 (1): 241-276.

[91] Jin L, Myers S C. R 2 around the world: New theory and new tests [J]. Journal of Financial Economics, 2006, 79 (2): 257-292.

[92] Hutton A P, Marcus A J, Tehranian H. Opaque financial reports, R2, and crash risk [J]. Journal of financial Economics, 2009, 94 (1): 67-83.

[93] F Black. "Studies of Stock Price Volatility Changes." [J]. Proceedings of the 1976 Meetings of the Business \ s& \ seconomics Statistics Section, American Statistical Association, 1976, 81: 177-181.

[94] Christie A A. The stochastic behavior of common stock variances: Value, leverage and interest rate effects [J]. Journal of Financial Economics, 1982, 10 (4): 407 - 432.

[95] Pindyck R S. Uncertainty in the Theory of Renewable Resource Markets [J]. Review of Economic Studies, 1984, 51 (51): 289 - 303.

[96] Campbell J Y, Hentschel L. No news is good news: An asymmetric model of changing volatility in stock returns [J]. Journal of Financial Economics, 1992, 31 (3): 281 - 318.

[97] Shiller R J. Comovements in Stock Prices and Comovements in Dividends [J]. The Journal of Finance, 1989, 44 (3): 719 - 729.

[98] Romer D. Rational Asset - Price Movements Without News [J]. American Economic Review, 1993, 83 (5): 1112 - 1130.

[99] Hong H, Stein J C. Differences of Opinion, Short - Sales Constraints, and Market Crashes [J]. Review of Financial Studies, 2003, 16 (2): 487 - 525.

[100] Myers S C, Jin L. R - Squared Around the World: New Theory and New Tests [J]. Nber Working Papers, 2004, 79 (2): 257 - 292.

[101] 贾炜莹，兰凤云，陈宝峰．衍生工具运用对上市企业风险影响的实证研究 [J]．会计之友，2009，(8)：58 - 61.

[102] 李义超，肖海霞．衍生工具使用与公司风险：一个实证研究 [J]．金融理论与实践，2010，(9)：39 - 43.

[103] 赵旭．衍生工具使用与企业价值、风险：来自中国有色金属类上市企业的经验证据 [J]．经济管理，2011，(1)：121 - 130.

[104] 张植．论套期保值与企业风险管理 [J]．赤峰学院学报（自然版），2015，(16)：107 - 109.

[105] 斯文．衍生工具与企业风险承担——基于我国制造业上市企业的经验证据 [J]．会计与经济研究，2014，(5)：87 - 102.

[106] 陶洪亮，申宇．股价暴跌、投资者认知与信息透明度 [J]．

投资研究，2011，(10)：66 - 77.

[107] 陶可. 机构持股对股价微观波动影响的非对称性 [J]. 金融教育研究，2011，(02)：22 - 30.

[108] 江轩宇. 税收征管、税收激进与股价崩盘风险 [J]. 南开管理评论，2013，(5)：152 - 160.

[109] 李小荣，刘行. CEOvsCFO：性别与股价崩盘风险 [J]. 世界经济，2012，(12)：102 - 129.

[110] 许年行，江轩宇，伊志宏，徐信忠. 分析师利益冲突、乐观偏差与股价崩盘风险 [J]. 经济研究，2012，(7)：127 - 140.

[111] 许年行，于上尧，伊志宏. 机构投资者羊群行为与股价崩盘风险 [J]. 管理世界，2013，(7)：31 - 43.

[112] 潘越，戴亦一，林超群. 信息不透明、分析师关注与个股暴跌风险 [J]. 金融研究，2011，(9)：138 - 151.

[113] Baumol W J. Entrepreneurship：Productive，Unproductive，and Destructive [J]. Journal of Political Economy，1990，98 (5)：893 - 921.

[114] Geczy，Minton，Schrand. Why Do Firms Use Currency Derivatives? [J]. 1997，52 (4)：1323 - 1354.

[115] 曹玉珊. 机构投资者担心企业应用衍生品进行投机吗？——来自中国上市企业的证据 [J]. 财经理论与实践，2017，38 (2)：58 - 65.

[116] 曹玉珊. 认知偏差、快速增长与企业衍生品投机行为 [J]. 财务研究，2017，(2)：59 - 67.

[117] 曹玉珊. 管理层权力会推动企业进行衍生品投机吗？——来自中国上市企业的证据 [J]. 当代财经，2016，(6)：107 - 117.

[118] 李鹏. 关于国有企业套期保值的思考——以有色金属行业为例 [J]. 中国商论，2016，(19)：69 - 70.

[119] 王江南. 金融衍生品市场被动过度投机行为的成因 [J]. 审计与经济研究，2007，4 (1)：12 - 14.

［120］徐长宁．套期保值中的投机问题分析［J］．中国有色金属，2018，（8）：11－13.

［121］王晓珂，黄世忠．衍生工具、公司治理和盈余质量［J］．会计研究，2017（3）：16－21.

［122］张玉智，曹凤岐．期货市场监管层与投资者的信息博弈分析——兼论期货市场过度投机的动因［J］．当代经济科学，2009，31（02）：23－28.

［123］郑建明，郑莉莉．中国上市公司外汇衍生品使用动机研究［C］//中国实证会计国际研讨会．2011.

［124］郭飞，马瑞．公司治理、外汇衍生品对冲与企业价值［J］．华东经济管理，2015，（4）：143－146.

［125］邓晓玲．外汇衍生品、现金流波动与企业投资效率［J］．财会通讯，2017（12）：77－81.

［126］何雨．套期保值还是投机？中国上市企业外汇衍生品使用目的识别及影响因素研究［D］．2018.

［127］吴东立．期货投机的经济分析——基于中国农产品期货市场的实证检验［D］．2006.

［128］薛宏刚，何乔，王浩．中国上市企业套期保值对企业价值的影响［J］．西安交通大学学报（社会科学版），2017，37（1）：39－44.

［129］沈群．衍生工具对企业财务与经营业绩的影响［D］．厦门大学，2007.

［130］郭飞，徐燕．对冲和风险管理动机：中国上市企业衍生工具使用的实证研究［J］．会计论坛，2010，（1）：46－56.

［131］窦登奎，卢永真．我国企业运用衍生工具套期保值的调查研究［J］．国有资产管理，2010，（12）：30－33.

［132］张敏．浅析我国衍生工具的发展状况［J］．企业技术开发，2016，35（18）：129－130.

［133］梁丽．浅析以套期保值提升企业风险管理水平［J］．当代经济，2012，（21）：68－69.

［134］徐长宁．套期保值中的投机问题分析［J］．中国有色金属，2018（8）：43－45.

［135］Hentschel L，Kothari S P. Are Corporations Reducing or Taking Risks With Derivatives［J］．Journal of Financial & Quantitative Analysis，2001，36（01）：93－118.

［136］Adam T R，Fernando C S. Can Companies Use Hedging Programs to Profit from the Market? Evidence from Gold Producers［J］．Journal of Applied Corporate Finance，2008，20（4）：86－97.

［137］Carter D A，Rogers D A，Simkins B J. Does Hedging Affect Firm Value? Evidence from the US Airline Industry［J］．Financial Management，2006，35（1）：53－86.

［138］Gruber M J，Warner J B. BANKRUPTCY COSTS：SOME EVIDENCE［J］．Journal of Finance，1977，32（2）：337－347.

［139］Hutton A. P.，Marcus A and Tehranian H.，2009，"Opaque Financial Reports，R2 and Risk"，Jorunal of Financial Econcomics，2009，（9）：83－86.

［140］Gay G D，Nam J. The Underinvestment Problem and Corporate Derivatives Use［J］．Financial Management，1998，27（4）：53－69.

［141］Adam T R. Do Firms Use Derivatives to Reduce their Dependence on External Capital Markets?［J］．European Finance Review，1999，6（2）：163－187（25）．

［142］窦登奎．我国上市企业运用衍生工具套期保值的实证研究［D］．西南财经大学，2011.

［143］郑莉莉．衍生工具对企业价值的影响：基于企业风险管理（ERM）的视角：Financial derivatives and firm value based on erm［M］．经济科学出版社，2013.

［144］刘方方．上市企业风险对冲动机研究——基于有色金属、机械、设备行业上市企业面板数据［J］．财会通讯，2015，（21）：101－103.

［145］DeMarzo PM，Duffie D. Corporate incentives for hedging and hedge accounting［J］．Review of Financial Studies，1995，8（3）：743－771.

［146］Breeden D T，Viswanathan S. Why Do Firms Hedge? An Asymmetric Information Model［J］．Journal of Fixed Income，1998，25（3）：7－25.

［147］Meftehwali S，Boubaker S，Labégorre F. Derivatives Use and Analysts' Earnings Forecast Accuracy［J］．Social Science Electronic Publishing，2005，12（5）：18－36.

［148］邱琼，顾晓安，李文卿．使用衍生工具会增加企业财务风险吗？［J］．上海金融，2016，（8）：43－50.

［149］何乔，薛宏刚，王典．机构投资者、信息透明度与股价崩盘风险［J］．经济体制改革，2017，（5）：135－141.

［150］Hutton A P，Marcus A J，Tehranian H. Opaque financial reports，R2，and crash risk［J］．Journal of financial Economics，2009，94（1）：67－86.

［151］Kim J，Zhang L. Accounting Conservatism and Stock Price Crash Risk：Firm－level Evidence［J］．Contemporary Accounting Research，2016，33（1）：412－441.

［152］朱琳．套期保值会计准则对企业盈余管理的影响分析［J］．新会计，2010，（2）：32－33.

［153］刘浩，李灏，金晶．套期保值准则与会计信息质量——来自中国上市企业的经验证据［J］．中国会计评论，2013，（2）：107－132.

附　录

中国 A 股上市企业 2007—2016 年衍生工具使用情况按行业分类如附表 1 至附表 10 所示。

附表 1　　　　2007 年各行业运用衍生工具企业数量情况

行业	行业代码	运用企业数量
有色金属冶炼及压延加工业	C32	12
电气机械及器材制造业	C38	9
农副食品加工业	C13	3
航空运输业	G56	3
纺织业	C17	2
化学原料及化学制品制造业	C26	2
金属制品业	C33	2
汽车制造业	C36	2
货币金融服务	J66	2
房地产业	K70	2
煤炭开采和洗选业	B06	1
有色金属矿采选业	B09	1
酒、饮料和精制茶制造业	C15	1
非金属矿物制品业	C30	1
黑色金属冶炼及压延加工业	C31	1
计算机、通信和其他电子设备制造业	C39	1
电力、热力生产和供应业	D44	1
水上运输业	G55	1
邮政业	G60	1
商务服务业	L72	1
新闻和出版业	R85	1
综合	S90	1

附表 2　　2008 年各行业运用衍生工具企业数量情况

行业	行业代码	运用企业数量
有色金属冶炼及压延加工业	C32	13
电气机械及器材制造业	C38	10
农副食品加工业	C13	5
化学原料及化学制品制造业	C26	3
计算机、通信和其他电子设备制造业	C39	3
航空运输业	G56	3
煤炭开采和洗选业	B06	2
有色金属矿采选业	B09	2
医药制造业	C27	2
金属制品业	C33	2
通用设备制造业	C34	2
专用设备制造业	C35	2
电力、热力生产和供应业	D44	2
批发业	F51	2
房地产业	K70	2
开采辅助活动	B11	1
纺织业	C17	1
造纸及纸制品业	C22	1
橡胶和塑料制品业	C29	1
黑色金属冶炼及压延加工业	C31	1
汽车制造业	C36	1
土木工程建筑业	E48	1
零售业	F52	1
商务服务业	L72	1
专业技术服务业	M74	1

附表 3　　2009 年各行业运用衍生工具企业数量情况

行业	行业代码	运用企业数量
有色金属冶炼及压延加工业	C32	17
电气机械及器材制造业	C38	12
农副食品加工业	C13	6

续表

行业	行业代码	运用企业数量
化学原料及化学制品制造业	C26	6
有色金属矿采选业	B09	4
金属制品业	C33	4
通用设备制造业	C34	4
专用设备制造业	C35	4
批发业	F51	4
计算机、通信和其他电子设备制造业	C39	3
煤炭开采和洗选业	B06	2
汽车制造业	C36	2
电力、热力生产和供应业	D44	2
航空运输业	G56	2
商务服务业	L72	2
农业	A01	1
石油和天然气开采业	B07	1
开采辅助活动	B11	1
纺织业	C17	1
橡胶和塑料制品业	C29	1
铁路、船舶、航空航天和其他运输设备制造业	C37	1
土木工程建筑业	E48	1
水上运输业	G55	1
房地产业	K70	1
专业技术服务业	M74	1
新闻和出版业	R85	1

附表4　　2010年各行业运用衍生工具企业数量情况

行业	行业代码	运用企业数量
电气机械及器材制造业	C38	19
有色金属冶炼及压延加工业	C32	18
化学原料及化学制品制造业	C26	10
计算机、通信和其他电子设备制造业	C39	8
农副食品加工业	C13	7

续表

行业	行业代码	运用企业数量
金属制品业	C33	5
通用设备制造业	C34	5
批发业	F51	5
有色金属矿采选业	B09	4
纺织业	C17	3
汽车制造业	C36	3
资本市场服务	J67	3
商务服务业	L72	3
农业	A01	2
煤炭开采和洗选业	B06	2
橡胶和塑料制品业	C29	2
黑色金属冶炼及压延加工业	C31	2
专用设备制造业	C35	2
铁路、船舶、航空航天和其他运输设备制造业	C37	2
电力、热力生产和供应业	D44	2
石油和天然气开采业	B07	1
开采辅助活动	B11	1
文教、工美、体育和娱乐用品制造业	C24	1
化学纤维制造业	C28	1
非金属矿物制品业	C30	1
水上运输业	G55	1
装卸搬运和运输代理业	G58	1
仓储业	G59	1
邮政业	G60	1
货币金融服务	J66	1
房地产业	K70	1
专业技术服务业	M74	1
新闻和出版业	R85	1

附表 5　　2011 年各行业运用衍生工具企业数量情况

行业	行业代码	运用企业数量
电气机械及器材制造业	C38	24
有色金属冶炼及压延加工业	C32	23
计算机、通信和其他电子设备制造业	C39	10
化学原料及化学制品制造业	C26	8
资本市场服务	J67	8
通用设备制造业	C34	7
有色金属矿采选业	B09	5
农副食品加工业	C13	5
金属制品业	C33	5
批发业	F51	5
商务服务业	L72	5
纺织业	C17	4
橡胶和塑料制品业	C29	4
专用设备制造业	C35	4
化学纤维制造业	C28	3
黑色金属冶炼及压延加工业	C31	3
汽车制造业	C36	3
铁路、船舶、航空航天和其他运输设备制造业	C37	3
电力、热力生产和供应业	D44	3
航空运输业	G56	3
非金属矿物制品业	C30	2
仪器仪表制造业	C40	2
互联网和相关服务	I64	2
货币金融服务	J66	2
农业	A01	1
煤炭开采和洗选业	B06	1
石油和天然气开采业	B07	1
开采辅助活动	B11	1
医药制造业	C27	1
其他制造业	C41	1
建筑装饰和其他建筑业	E50	1

续表

行业	行业代码	运用企业数量
水上运输业	G55	1
仓储业	G59	1
邮政业	G60	1
房地产业	K70	1
专业技术服务业	M74	1
新闻和出版业	R85	1

附表 6　　2012 年各行业运用衍生工具企业数量情况

行业	行业代码	运用企业数量
电气机械及器材制造业	C38	26
有色金属冶炼及压延加工业	C32	21
资本市场服务	J67	14
计算机、通信和其他电子设备制造业	C39	8
通用设备制造业	C34	7
有色金属矿采选业	B09	5
批发业	F51	5
农副食品加工业	C13	4
化学原料及化学制品制造业	C26	4
橡胶和塑料制品业	C29	4
黑色金属冶炼及压延加工业	C31	4
汽车制造业	C36	4
纺织业	C17	3
商务服务业	L72	3
农业	A01	2
煤炭开采和洗选业	B06	2
化学纤维制造业	C28	2
金属制品业	C33	2
互联网和相关服务	I64	2
石油和天然气开采业	B07	1
开采辅助活动	B11	1
纺织服装、服饰业	C18	1

续表

行业	行业代码	运用企业数量
皮革、毛皮、羽毛及其制品和制鞋业	C19	1
医药制造业	C27	1
非金属矿物制品业	C30	1
专用设备制造业	C35	1
铁路、船舶、航空航天和其他运输设备制造业	C37	1
其他制造业	C41	1
电力、热力生产和供应业	D44	1
土木工程建筑业	E48	1
建筑装饰和其他建筑业	E50	1
零售业	F52	1
航空运输业	G56	1
仓储业	G59	1
邮政业	G60	1
货币金融服务	J66	1
保险业	J68	1
其他金融业	J69	1
房地产业	K70	1
新闻和出版业	R85	1
广播、电视、电影和影视录音制作业	R86	1

附表 7　　2013 年各行业运用衍生工具企业数量情况

行业	行业代码	运用企业数量
电气机械及器材制造业	C38	24
有色金属冶炼及压延加工业	C32	23
资本市场服务	J67	14
计算机、通信和其他电子设备制造业	C39	12
有色金属矿采选业	B09	9
农副食品加工业	C13	9
通用设备制造业	C34	8
化学原料及化学制品制造业	C26	7
批发业	F51	7

续表

行业	行业代码	运用企业数量
化学纤维制造业	C28	4
黑色金属冶炼及压延加工业	C31	4
汽车制造业	C36	4
货币金融服务	J66	4
纺织业	C17	3
医药制造业	C27	3
橡胶和塑料制品业	C29	3
农业	A01	2
食品制造业	C14	2
文教、工美、体育和娱乐用品制造业	C24	2
金属制品业	C33	2
专用设备制造业	C35	2
铁路、船舶、航空航天和其他运输设备制造业	C37	2
其他制造业	C41	2
电力、热力生产和供应业	D44	2
其他金融业	J69	2
商务服务业	L72	2
畜牧业	A03	1
煤炭开采和洗选业	B06	1
石油和天然气开采业	B07	1
木材加工及木、竹、藤、棕、草制品业	C20	1
石油加工、炼焦及核燃料加工业	C25	1
废弃资源综合利用业	C42	1
土木工程建筑业	E48	1
建筑装饰和其他建筑业	E50	1
零售业	F52	1
水上运输业	G55	1
邮政业	G60	1
软件和信息技术服务业	I65	1
保险业	J68	1
房地产业	K70	1

续表

行业	行业代码	运用企业数量
租赁业	L71	1
新闻和出版业	R85	1
综合	S90	1

附表 8　　2014 年各行业运用衍生工具企业数量情况

行业	行业代码	运用企业数量
电气机械及器材制造业	C38	23
有色金属冶炼及压延加工业	C32	20
化学原料及化学制品制造业	C26	10
计算机、通信和其他电子设备制造业	C39	10
农副食品加工业	C13	9
通用设备制造业	C34	9
资本市场服务	J67	9
有色金属矿采选业	B09	8
批发业	F51	7
化学纤维制造业	C28	5
汽车制造业	C36	5
纺织业	C17	4
金属制品业	C33	4
其他制造业	C41	4
水上运输业	G55	4
煤炭开采和洗选业	B06	3
医药制造业	C27	3
橡胶和塑料制品业	C29	3
专用设备制造业	C35	3
货币金融服务	J66	3
石油加工、炼焦及核燃料加工业	C25	2
非金属矿物制品业	C30	2
铁路、船舶、航空航天和其他运输设备制造业	C37	2
邮政业	G60	2
房地产业	K70	2

续表

行业	行业代码	运用企业数量
商务服务业	L72	2
农业	A01	1
畜牧业	A03	1
石油和天然气开采业	B07	1
食品制造业	C14	1
木材加工及木、竹、藤、棕、草制品业	C20	1
造纸及纸制品业	C22	1
文教、工美、体育和娱乐用品制造业	C24	1
黑色金属冶炼及压延加工业	C31	1
电力、热力生产和供应业	D44	1
零售业	F52	1
互联网和相关服务	I64	1
保险业	J68	1
租赁业	L71	1
专业技术服务业	M74	1
生态保护和环境治理业	N77	1
综合	S90	1

附表 9　　2015 年各行业运用衍生工具企业数量情况

行业	行业代码	运用企业数量
有色金属冶炼及压延加工业	C32	26
电气机械及器材制造业	C38	24
资本市场服务	J67	13
批发业	F51	9
化学原料及化学制品制造业	C26	8
有色金属矿采选业	B09	7
农副食品加工业	C13	7
通用设备制造业	C34	7
计算机、通信和其他电子设备制造业	C39	7
汽车制造业	C36	6
黑色金属冶炼及压延加工业	C31	5

续表

行业	行业代码	运用企业数量
货币金融服务	J66	5
医药制造业	C27	4
其他制造业	C41	4
水上运输业	G55	4
纺织业	C17	3
化学纤维制造业	C28	3
金属制品业	C33	3
铁路、船舶、航空航天和其他运输设备制造业	C37	3
电力、热力生产和供应业	D44	3
综合	S90	3
畜牧业	A03	2
煤炭开采和洗选业	B06	2
橡胶和塑料制品业	C29	2
非金属矿物制品业	C30	2
房地产业	K70	2
商务服务业	L72	2
农业	A01	1
石油和天然气开采业	B07	1
木材加工及木、竹、藤、棕、草制品业	C20	1
造纸及纸制品业	C22	1
专用设备制造业	C35	1
废弃资源综合利用业	C42	1
燃气生产和供应业	D45	1
土木工程建筑业	E48	1
互联网和相关服务	I64	1
软件和信息技术服务业	I65	1
保险业	J68	1
其他金融业	J69	1
租赁业	L71	1
生态保护和环境治理业	N77	1

附表 10 2016 年各行业运用衍生工具企业数量情况

行业	行业代码	运用企业数量
电气机械及器材制造业	C38	29
有色金属冶炼及压延加工业	C32	28
计算机、通信和其他电子设备制造业	C39	14
资本市场服务	J67	14
通用设备制造业	C34	9
批发业	F51	9
有色金属矿采选业	B09	8
农副食品加工业	C13	8
黑色金属冶炼及压延加工业	C31	6
化学原料及化学制品制造业	C26	5
其他制造业	C41	5
货币金融服务	J66	5
专用设备制造业	C35	4
房地产业	K70	4
畜牧业	A03	3
医药制造业	C27	3
金属制品业	C33	3
汽车制造业	C36	3
铁路、船舶、航空航天和其他运输设备制造业	C37	3
商务服务业	L72	3
煤炭开采和洗选业	B06	2
酒、饮料和精制茶制造业	C15	2
纺织业	C17	2
化学纤维制造业	C28	2
非金属矿物制品业	C30	2
电力、热力生产和供应业	D44	2
道路运输业	G54	2
水上运输业	G55	2
农业	A01	1
造纸及纸制品业	C22	1
文教、工美、体育和娱乐用品制造业	C24	1

续表

行业	行业代码	运用企业数量
橡胶和塑料制品业	C29	1
废弃资源综合利用业	C42	1
燃气生产和供应业	D45	1
土木工程建筑业	E48	1
仓储业	G59	1
互联网和相关服务	I64	1
保险业	J68	1
租赁业	L71	1
生态保护和环境治理业	N77	1